る本 4

# 新事業開発が「つまらん！」

フィフティ・アワーズ代表取締役
水島温夫
*mizushima atsuo*

言視舎

# はじめに――この小さな物語を書いたわけ

## 新事業開発が「つまらん！」

ある化学会社の社長が話していた。

「うちの会社の業績は伸びている。既存事業のコストダウンときめ細かな顧客対応の結果だが、なによりアジアなど海外市場の拡大が大きく寄与している。しかし、一方では新興国メーカーとの価格競争は熾烈を極めている。もちろん今後、既存事業分野での更なるコストダウンと顧客開拓で頑張ることになるが、今まで以上に大きな利益を期待することはむずかしい。そこで、当社の次の事業の柱となる新事業開発に期待するのだが、残念ながら、この20年間に立ち上げたものは小粒の事業ばかりで、経営に大きなインパクトを与える新事業はひとつも育っていない。相変わらず、既存事業だのみの事業構成は全く変わっていない」

同じような経営者の叫びを業界業種にかかわりなく耳にすることが多い。

ならば、企業を挙げて本格的に新事業開発に取り組めば良いのだが、現実は既存事業のオペレーション（業務）で手一杯で、新事業開発に振り分けている経営資源は少ない。経営資源の問題ばかりではない、**新事業開発に関する戦略的かつ体系的なアプローチ方法や**

**考え方が組織として共有化されていない**。つまり、中期経営計画などで新事業開発を掲げているものの、企業全体として暗中模索のなかで、多くの社員は既存事業のオペレーション（業務）に逃げ込み、一部の人たちだけがもがき、空回りしているだけだ。

「つまらん！」とはそういう意味だ。

## 4つの壁を突破する

ぜひ組織として、新事業開発について戦略的かつ体系的に頭を整理して欲しい。そろそろ全社員が本気を出して欲しい。そんな思いでこの小さな物語を書いた。

この小さな物語では、新事業開発を活性化させるうえで大きな障害である**4つの壁についてその突破の考え方と方法をまとめた**。頭の整理と、新たな行動に向けて、多くのヒントが得られるはずだ。

**第一は情報・知識の壁**だ。既存事業とは圧倒的に少ない情報と知識の壁を突破するための考え方を整理した。特に地続き性が重要であること、さらに地続きの中身について詳しく説明した。

**第二は事業カルチャーの壁**だ。事業カルチャーは新事業開発の要と言っても言い過ぎではないほどの重要性を持っている。新事業開発を事業カルチャーの視点で整理することで、これまでの失敗の要因が明らかになるとともに、今後の新事業開発の基本戦略策定の大きなヒントが得られるはずだ。

**第三は自前主義の壁**だ。日本企業は良くも悪しくも自前主義的な傾向が強い。その結果、強みとしての品質、きめ細かな対応、集団力、技術力の向上、創意工夫などが挙げられる。一方では同質的、事業展開のスピードが遅い、大きなイノベーションが出ないなどの弱みがあると言われている。ここでは、新事業開発における脱自前主義の方法として、**リスクの小さいマイナー合弁**というアプローチを提示している。

そして、**最後第四は意識・自覚の壁**だ。新事業開発はいつも後回しだ。誰も新事業開発を自分の問題として捉えていない。誰も本当の意味で責任をとっていない。ここでは新事業開発を、既存の事業部門が責任を持つ自力型と本社スタッフが責任を持つ他力型という**役割分担の構図**を提案している。こうすることで、責任と権限が明確になり、自分達の問題として捉え、新たな事業開発の道が開けるはずだ。

## この小さな物語の舞台

舞台は東京に本社にある中堅の精密光学部品のメーカーだ。基礎光学技術、微細加工技術のレベルは高く、取引先は半導体製造装置メーカー、通信機器メーカー、検査機器メーカー、デジカメ・携帯電話メーカーなど応用分野は多岐にわたっている。機能部品分野とはいえ、新興国メーカーの技術キャッチアップと低価格品に押され、売上、利益とも予断を許さない状況にある。既存事業のコストダウン、新製品開発、グローバル化とともに、次の収益の柱となる新事業開発が大きな課題となっている。

さあ、新社長以下4人の新事業開発に関する戦略マネジメントの物語を始めよう。

目次

**登場人物**

年商500億円の光学部品メーカー　創立60年

▼森重社長　：新任社長（55歳）ボトムアップ型マネジメント、人徳のある典型的日本型経営者　営業畑出身

▼加藤営業部長　：50歳　営業部長　大学の商学部を卒業、入社以来28年営業一筋

▼有島研究開発部長：52歳　応用物理専攻ドクター、材料開発で成果をあげてきた

▼小林経営企画部長：45歳　経済学部を卒業後MBA取得　戦略の理想と現実のギャップに悩んでいる

場所：富士山麓にある高級研修所

# 1. 情報・知識の壁（第一の壁）

新事業開発における情報・知識の壁を回避するためには、既存事業との地続きを考えると良いと言われている。しかし、地続き性といっても何か漠然としている。地続き性の定義を明確にして戦略的に新事業開発をしなければならない。

## 1.1 だめだ、新事業開発が不発だ

ここは御殿場の高級研修センターの会議室。森重社長以下、加藤営業部長、有島研究開発部長、小林経営企画部長が集まっている。社長が口火を切って話し出した。

**森重**：「今日は、日常の忙しさから少し離れて当社の今後の新事業開発について、諸君と一緒に頭の整理をしたいと思っている。当社は、既存事業の拡大、効率化、海外展開については皆さんの努力もあって、これまで一定の成果をあげてきた。全社一丸となって問題・課題を突破してきた。それはそれで結構なことだし、今後も継続して努力していけると思う。問題は新事業開発だ。結果が全く出ていない。私自身も新社長として新事業開発

に向けて頑張りたいのだが、**今一つ頭の整理ができていない**。この辺のことについて、部長の皆さんの考えを聴きたいし、議論もしてみたいのだが」

社長の言葉に営業部長の加藤も自らを反省しながら話し始めた。

**加藤**：「私も同じ問題意識を持っています。既存事業の多くは既に成熟期に入りつつあります。直ちに衰退期に突入するようなことはいまのところ考えられませんが、価格競争の激化や売上規模の伸び悩みは始まっています。次の柱となる新事業開発が必要だということは十分理解はしていますが、目の前のお客様、目の前の競合他社への対応で忙殺されていて、**新事業開発を考える時間も、経営資源もない**のが正直なところです。」

営業部長に続いて、研究開発部長の有島が発言した。

**有島**：「研究開発部長として、まことに申し訳なく思っています。本来であれば次の事業の柱となる画期的な新製品開発をすでに世に送り出していなければならないのですが、この20年間、残念ながら新事業につながるような新製品開発は不発です。もちろん、研究開発部隊なりに努力はしているのですが結果がついてきていません。一方、自慢するわけではありませんが、既存事業における売上拡大や競合他社との競争のための新製品開発については業界で一、二を争う開発力と自負しています。そして、その結果も出しています。問題は新事業開発です。**何かやり方、進め方が間違っているのかもしれません**」

営業部長、研究開発部長の発言を待って、一番年下の経営企画部長の小林が発言した。

**小林**：「経営企画部という立場で全社の経営をみると、過去30年間、事業分野は全く変わっていません。もちろん、それぞれの事業分野で製品や販売地域、チャネルなどは市場の変化とともに進化させてきましたが、新たな成長事業は創出できていません。これは**経営戦略の定石から言えば、非常にまずい**ことで、従業員の年齢構成や企業の情報力という点などでボディーブローのように効いてきています。そのような危機意識がありますから、経営企画部としては、過去の中期経営計画の中で、新事業開発に関する計画を盛り込んできたわけです。しかし、一向に経営の数値に大きなプラスのインパクトを与えるようなものは出ていません。現在の中計でも同じ状況です」

三人の部長の発言を一通り聞き終わって、社長の森重が現状を整理した。

**森重**：「皆さんの発言を聴いて感じたのですが、最大の問題は、皆さんも私と同じように新事業開発については問題意識を持っているものの、そもそも新事業づくりに向けて、どのようなアプローチで、どう立ち上げるのかについての**全体像というかイメージが全くできていない**わけだ。当たり前の話だが、イメージできないものは絶対に実現できない」

経営企画部長の小林がその通りとばかりに言った。

**小林**：「新事業開発を一体どう考え、どう進めるかについては、正直言って、これまで私たちは真剣に、真正面から取り組んでこなかったと思います。経営会議でも本業、既存事業最優先で、新事業に関する議論にはあまり時間をかけてきませんでした。**目の前のお客様、目の前の製品に一生懸命という当社のＤＮＡ**のためでしょうか、どうしても先の話としての**新事業開発は後回し**にしてきました。そのつけがいままわってきたということだと思います」

研究開発部長の有島が過去の新事業開発を思い出しながら言った。

**有島**：「高度成長期の新事業テーマとして遊休地や温排水を活用して、釣りの餌や土壌改良のためのミミズの養殖などをまじめに考えたものです。まず、社内からアイデアを１０００件くらい募集して、それらを市場性と当社の強みの二軸で整理して3テーマ位に絞り込んで開発プロジェクトを発足させて進めたものです。本業以外だったら何でも良いという程度の甘い考え方でした」

一同、まだ余裕があり、のどかだった時代の新事業開発を懐かしく思い浮かべていた。

新事業づくりに向けて、
どのようなアプローチで、どう立ち上げるかの
イメージがまったくできていない！
新たな成長事業が
創出できていない！
努力はしているが
結果がついてこない！
新事業開発を考える
時間も、経営資源もない！
新事業

## 1.2 たしかに、けもの道に迷い込んでいる

**なぜ、本業の事業展開にはパワーを感じるのに新事業については無力なのだろうか?**

このことについての頭の整理が必要と感じた社長が言った。

**森重**:「当社の今後の業績予想としては、3年先までは既存の事業での新製品開発とグローバル展開で何とかいけそうだ。しかし、その先がまったく見えていない状況であることは皆さんもご存知の通りだ。そこで、遅ればせながら経営の最重要課題として新事業開発を経営戦略のまな板の上に乗せることとしたい。これまで新事業開発に我々経営幹部が本気で真正面から取り組んでこなかったということは認めざるをえない。新任社長の私が今後は率先し真剣に取り組むためにも、当社の新事業開発の在り方、問題などについて、一度きちんと頭の整理をしたい。すでに議論された我々経営幹部の姿勢の問題以外にも何かあるんじゃないのかな?」

加藤営業部長が言った。

**加藤**:「物理的な時間が問題です。すでに申し上げたように既存事業での収益の確保のために全勢力を投入しなければなりません。短期的な収益だけではなく、長期的な収益のた

めに新事業を開発しなければということは頭で理解していますが、やはり**目の前のお客様、目の前の他社との競争に勝つことを最優先**させてしまいます。明日の百より、今日の五十です。不確定要素の高い新事業開発に大切な人ものカネといった経営資源を割くには相当の覚悟が必要です」

社長も頷きながら言った。

**森重**：「営業部長の言うことは私自身の営業経験からも十分理解できる。しかし、時代が変わったということだ。我々が覚悟を決めて経営資源を投入しなければならない。経営幹部が覚悟を決めないから新事業開発が一向に活性化しない。覚悟を決めるためには我々経営陣の頭の中を今一度整理する必要があるというわけだ。**くどいようだが頭の整理だ**」

研究開発部長の有島も漠然とした問題意識を話し始めた。

**有島**：「既存事業のお客様からの技術的な問題解決だとか、明確なニーズに対応した製品開発には全く不安はありません。むしろ顧客に密着し過ぎ、やり過ぎだという指摘もあるほどです。問題があるとすれば、このような対応型とは対極にある**提案型の新製品開発の風土がない**ことです。新事業開発は今までとは違う市場を切り開いていくわけですから、どうしても提案型でないとキッカケをつかめません。提案型で数多くトライアンドエラーを重ねて初めてテーマが見えてきます。そんな行動をする開発技術者の数が少ないことも問題のひとつだと思います。周辺にいろいろな新事業のチャンスがあるはずですが、残念ながら提案行動ができていません」

社長も頷いて言った。

**森重**：「私は文系出身で技術のことは門前の小僧程度だが研究開発部長の話は何となくわかる。わたしも当社の技術で、あるいは他社の技術を複合化すれば、新事業のチャンスは数多く存在すると感じている。課題は技術者達の行動を対応（受動的）開発から、提案（能動的）開発に切り替えることだな」

経営企画部長の小林がＭＢＡ的視点から考えを述べた。

**小林**：「当社は提携・Ｍ＆Ａのマネジメントが未経験のため未熟です。つまり、自己完結型、自力型で、かつ限られた人数での新事業開発をしますから、時間がかかります。結果を出すように圧力がかかりますから、**とりあえず脇道にそれて、ついにはけもの道にはいってしまいます**。**欧米企業では、他力活用、オープン化、提携・M&Aなどが常識**です。当社は日本企業ですから、欧米企業のやりかたをそのまま真似をしてもうまくいかない面があると思いますが、もう少し他力を使えば新事業開発も活性化するのではないでしょうか。グローバル規模で大きな変化の時代ですから、新しいビジネスチャンスもたくさんあると思います」

3部長の話を聞き終わって、吹っ切れたように社長が言った。

**森重**：「ざっくりと言えば、①当社は新事業開発に関して覚悟もなく、本気で努力しなかった。一方、②大きな変化の時代を迎え、グローバル的な視点でみれば、新事業のビジネス機会はたくさんころがっているということだ。つまり、当社の本格的な新事業はこれからが勝負だ。リセットして戦略的に勝負に出るときが来たようだ。そろそろ本気を出そうじゃないか」

目の前のお客様や他社との競争を
優先させるあまり、
けもの道にはいってしまう！
本道・新事業

## 1.3　成長・地続き・独自性という発想

社長の「そろそろ本気を出そう！」「今期から新事業開発を戦略的にリセットして勝負に出よう！」という言葉に押されて議論は次のステージに進んでいった。

研究開発部長の有島が言った。

**有島**：「新事業開発を戦略的にリセットするという社長のお言葉ですが、いまひとつピンときません。たしかに、いままでは受け身、偶然と言われても仕方ないようなキッカケから、新事業につながるようにと製品開発をしてきました。これでは、ダイナミックな新事業開発とは言えないことは承知しています。質問ですが、既存事業ならば業界情報もあり、顧客ニーズの情報もあり、分析することで戦略的に展開するということが可能ですが、**新事業開発を戦略的に進めるなどということは可能なのでしょうか**。分析するべき情報が少なく、土地勘もなく、不確定要素の多い中で、戦略的に進めるという意味はどのようなことなのでしょうか」

社長が答えた。

**森重**：「たしかに、研究開発部長のいうように戦略的という言葉の意味が既存事業と新事業開発とではかなり違うと思う。新事業開発の場合の戦略的という意味は、個々の事業戦略というより、いかにして体系的に、継続的に新事業テーマを探索して、それらをトライアンドエラーしながら事業として見極め、具体化していくかということだ。戦略的にということばがピンと来なければ、いかに**体系的**（**システマチック**）**にテーマアップ**して、それを**多くの仮説検証というプロセスを通じて具体的な事業創造につなげるための流れをつくること**だと置き換えてもらってもいい」

体系的、システマチックとう言葉に経営企画部長の小林が反応した。

**小林**：「新事業開発の体系づくり、システムづくりということであれば、定石からスタートしてはいかがでしょうか。これは既に常識（コモンセンス）でしょうけれども、**新事業開発の定石は①成長、②地続き、③独自性**です」

社長が言った。

**森重**：「確かに①の成長分野、市場を狙うべきだ。変化分野、変化市場も含めて考えるとよい。医療分野、エネルギー分野など8つくらいの成長市場が有望だ。②の地続き性も重要だ。当社として知見の少ない飛び地ではなく、地続きの分野ではあればとっかかりもあるからやり易い。それから③の独自性も理解できる。他社との差別化や特長がなければ勝てない。なるほど、これら3つの定石項目を使えばごちゃごちゃな新事業テーマをかなりすっきりと整理できそうだ。つまり、**新テーマと進行中のテーマを再リストアップ**して、それぞれのテーマについて①成長性、②地続き性、③独自性という項目を埋めて、それが終わったら、順番に一つひとつ事業コンセプト素案を創ってそれを潜在顧客に対して打診してみる。提案された顧客や、市場の反応にもとづいて事業テーマを一つひとつ見極めていけばいい。

こういうプロセスをひたすら続けるということだ。これまでの受け身で、ランダムな新事業開発とは違って、だいぶ体系的に、かつ能動的に新事業開発をすすめることができそうだ」

営業部長の加藤が議論の中身を確認するように言った。

**加藤**：「新事業開発を、①成長、②地続き、③独自性で整理して、体系的かつ戦略的に進めるということは理解できます。これまでもテーマ探索では暗黙的にこの3つの定石をベースにしていたと思います。今後は本気で、暗黙的ではなく、明示的にシステマチックに進めるということですね。ただ、まだよく理解できないのは②の地続き性です。地続き性をもう少しはっきり定義しないと事業テーマをうまく整理できないような気がします」

社長も頷いて言った。

**森重**：「私も営業部長と同じように、**地続き性の定義**が新事業開発戦略の大きなポイントだと思う。誰かいい考えはないかな？」

社長の顔が自分のほうに向いているのを感じた小林経営企画部長が言った。

**小林**：「既存事業との地続き性を考えるには、米国の経営学者エイベルが唱えた**事業の定義**に立ち戻れば簡単です。エイベルによれば事業は①**顧客**（C：Customer）、②**機能**（F：Function）、③**技術・ノウハウ**（T：Technology）で定義されます。①顧客は文字通り、買ってくれるお客様です。②機能は、製品・サービスがどのような価値を提供するのかということで、言い換えれば「顧客から見た価値」のことです。③技術・ノウハウは価値を実現するために必要なコア技術やノウハウのことです。つまり**既存事業のCFTをリストアップ**して、それぞれでの地続き性で探索、整理すればいいということです」

加藤営業部長が言った。

**加藤**：「なるほど、まず既存事業について、①顧客・市場、②顧客から見た価値、③技術・ノウハウが何なのかを明示化して共通認識することだな。次に、既存事業と同じ顧客・市場を対象とした新事業テーマ群、既存事業と同じ『顧客から見た価値』を提供する新事業テーマ群、そして既存事業と同じ技術・ノウハウが生かせる新事業テーマ群という具合に整理すればいいということですね」

社長も自分自身で確認するように言った。

**森重**：「新事業のテーマを既存事業との地続き性で、①顧客・市場関連とテーマ、②顧客価値関連テーマ、③技術関連テーマの３つで区分、整理するということだな。なるほど、おもしろい！」

小林経営企画部長が補足した。

**小林**：「地続き性をこのように考えることで、今まで以上に地続き性のあるテーマをきめ細かく探索することができると思います。営業部隊は①顧客・市場関連のテーマをもっと真剣に、たくさん探索してテーマアップできるようになると思います。もちろん、研究開発部隊も既存事業での技術・ノウハウの蓄積を整理しよりきめ細かく探索することができます」

社長が言った。

**森重**：「これまでも努力しなかったわけではなく、営業部隊は既存の顧客・市場関連のビジネスチャンスを探索してはいた。研究開発部隊も自分達の技術ノウハウを意識して、それが強みになる分野を探索してテーマアップしてきた。ただ、**やり方が個人ベースで、組織として徹底していなかった**ということだな。わかった、この３つの地続き性で徹底的に新事業テーマを洗い出してみよう。おもしろくなってきた」

# ＣＦＴで新事業を整理する

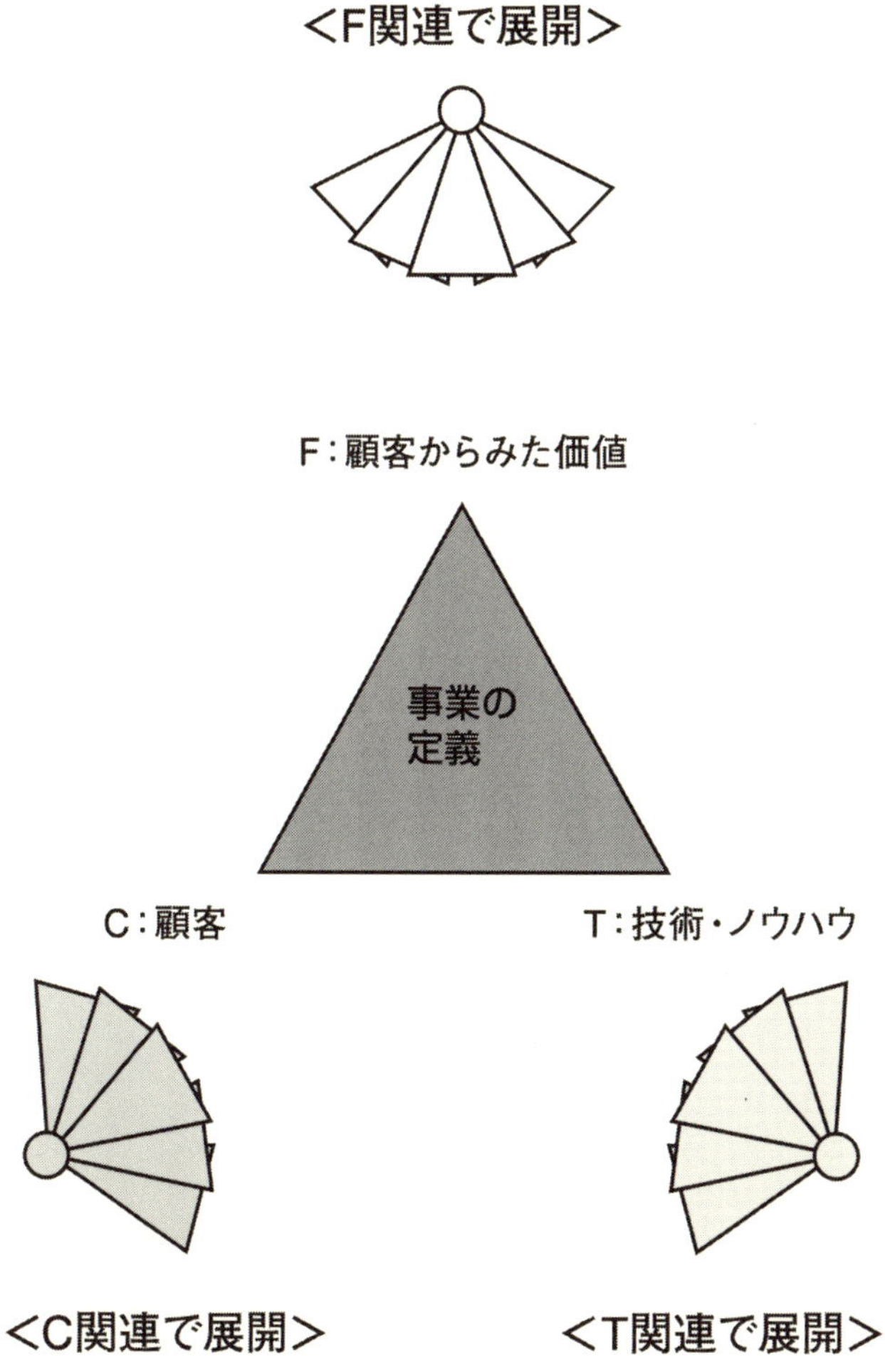

## 1.4 そうだ、CFTでシステマチックに舐め尽くそう！

社長以下、3部長は既存事業群のCFTと現在進行中の新事業テーマのCFTを整理して共有化することで、地続き性の軸を設定できること。そして、その軸に沿って、新事業テーマを探索することで地続きの新事業テーマを数多くシステマチックにリストアップすることができそうだと納得した。

研究開発部長の有島が言った。

**有島**：「なるほど、既存事業の製品やサービスの表をつくって、それぞれの製品・サービスごとにCFTの項目を埋めていけばいいわけだ。ただ、かなり多くの製品・サービスがあるから、表の分量も結構大きくなる。全体がわかりずらくならないだろうか」

森重社長も頷きながら言った。

**森重**：「経営戦略というものは、一般的に言って単純でなければうまくいかない。たしかに、既存の製品・サービスとそのCFTの羅列ではスマートなやり方とは言えないな」

社長が再び自分のほうに顔を向けているのは感じた小林経営企画部長が言った。

**小林**：「三軸チャートで整理すれば当社の製品・サービス全体のCFTがわかりやすく整

理されると思います」

社長の森重が尋ねた。

**森重**：「小林君、その三軸チャートで整理するやり方を説明してもらえるかな」

小林経営企画部長は自分のパソコンの中からパワーポイントの図を探して、それを研修会議室の壁にプロジェクターで投影してすこし長い説明をした。

**小林**：「これは昨年ある経営セミナーで配布された資料です。面白いと思ったのでスキャンしておいたものです。既存事業の製品・サービスの表を整理して**三軸のチャート**にしたものです。**左の軸が顧客軸、真ん中が顧客価値（機能）軸、右が技術・ノウハウ軸**です。それぞれの製品・サービスはCFTを頂点とする三角形をしています。それぞれの軸では、似ている、あるいは同類のものを互いに近くに位置するようにポジショニングするようにルール化します。例えば、顧客軸であれば上部は一般消費者、最下部に海外企業など、異質なものほど離してポジショニングします。このようなルールで自社の既存事業を整理すると、自社の事業全体を鳥瞰することができます。一体われわれは**どのような顧客を相手に、どのような顧客価値を、どのようなコアテクノロジーやノウハウをベースに提供しているのか**を、図形のイメージとしてわかりやすく共有することができます」

小林経営企画部長の説明を聴いて、加藤営業部長が言った。

**加藤**：「これはおもしろい。このような三軸チャートで整理することで当社の事業展開の特性も理解できる」

研究開発部長の有島が変なことを言い始めた。

**有島**：「これは凄いチャートですね。まるで企業のDNAを図で表現したようなものです。ご存知のように、私たち生物としての人間の特性を決定している遺伝子はDNAからできていますが、そのDNAはたったTCAGという4種類の塩基から成り立っています。ヒトもゴキブリも同じで、たったTCAGの組み合わせで出来上がっています。一方、この三軸チャートは、**CFTという3つの組み合わせで企業（＝法人）の特性**、いわば企業のDNAを表わしているわけです。生物のDNAとイメージと重なっておもしろいですね」

森重社長が自分の考えを確認するように言った。

**森重**：「私も**企業の特性を視覚的に捉える**試みはおもしろいと思う。当社は創業以来60周年を迎えようとしています。これまで、諸先輩とともに頑張って事業展開してきました。特に戦略があったというより、〝ひたすら〟目の前の顧客に一生懸命対応し、目の前のブツを磨き続けてきました。そのお蔭で、今日の当社があるわけです。〝ひたすら〟やってきた結果として当社の特性、DNAが培われてきたわけだから、ここで一度それらを見える化して、共有するのも大切だ。機会を見つけて皆で一度整理してみようじゃないか」

# 企業の特性を捉える
# 三軸チャートの例

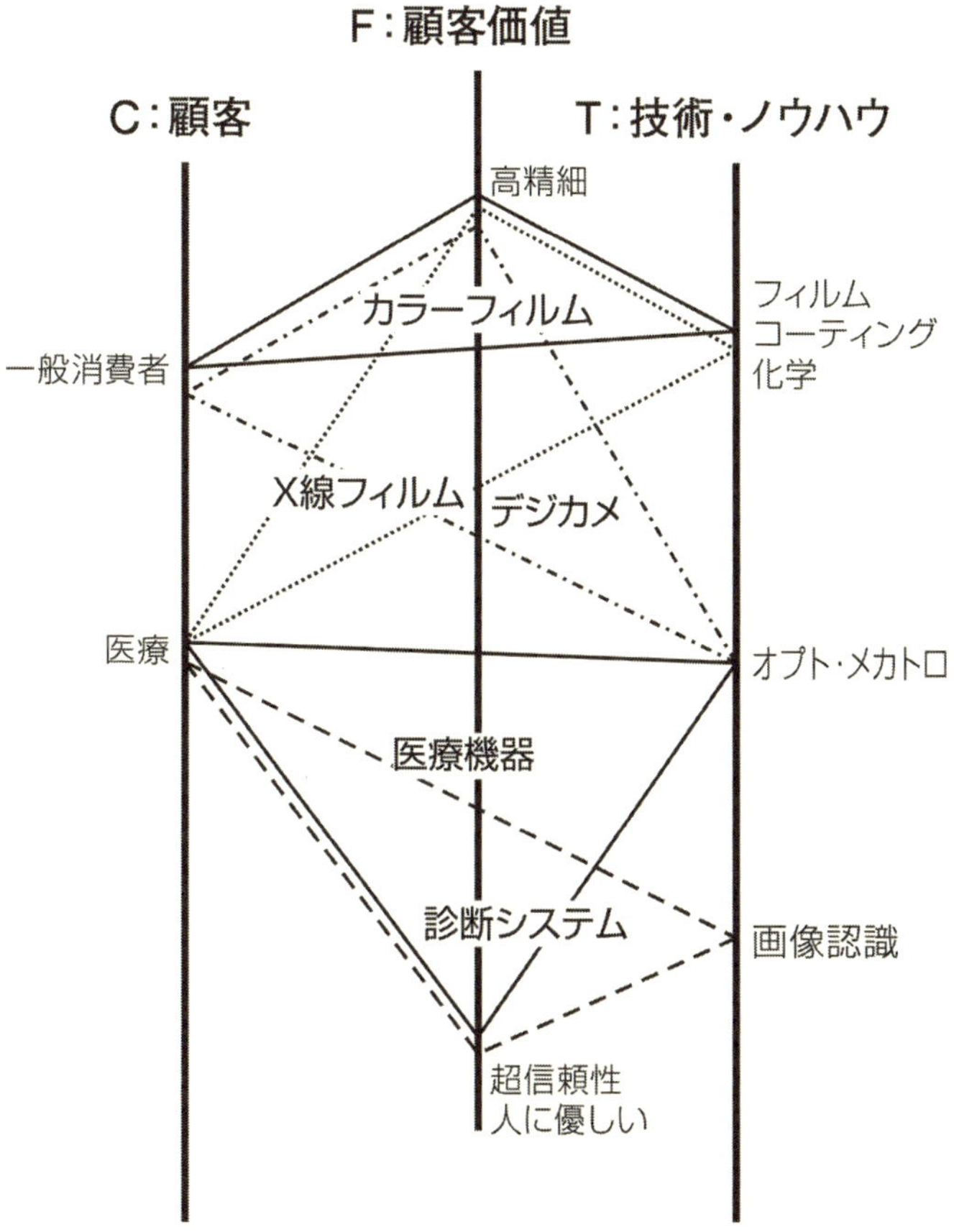

# 2. 事業カルチャーの壁（第二の壁）

顧客・市場や技術ノウハウでは、地続き性のある新事業テーマであっても失敗することが多い。事業カルチャーという視点を抜きに新事業開発を語ることはできない。

## 2.1 だめだ、市場関連、技術関連でも成功しない

社長以下3名の部長は、既存事業との地続き性で新事業をシステマチックにテーマアップしていこうということで納得した。

経営企画部長の小林が言った。

**小林**：「既存事業のC、F、Tとの地続きの新事業テーマやアイデアはたくさん出せると思います。実際、過去の新事業開発のテーマは、技術部隊から出された既存技術関連のものや営業から提案された既存の顧客・市場と地続きのものでした。しかし、多くのテーマが失敗して撤退していますし、残ったものも小粒で孤立しています。このままでは、いずれ立ち枯れてしまいそうです」

研究開発部長の有島が言った。

**有島**：「たしかに、技術部隊が中心になって技術関連の新事業を立ち上げようとするのですが、理由はわからないのですがスピード感がないし、大きく広がっていきません。営業部隊に協力してもらっているのですがブレイクしません。技術者達の市場を見る力が弱いのではないかということで、マーケティング強化のための技術者研修などもしていますが結果が出ていません」

営業部長の加藤が続けた。

**加藤**：「営業部隊は毎日の顧客対応に手一杯で新事業開発にあまり時間を割いているわけではありません。今期の売上ノルマの達成が第一で、新事業開発は時間に余裕があればやろうというのが実態です。残念ですがそういうことです。過去に、いくつか顧客関連で新事業を考えてやろうとしたのですが、そこには強力な先住民族としての他社が既に参入していて、なかなか入り込めません。餅屋は餅屋ということで商売のやり方も我々とはかなり違いますのでまったくかないません」

小林経営企画部長が確かめるように言った。

**小林**：「ということは、C、F、Tの地続き性は新事業開発の重要な必要条件ではあっても、**地続きだから容易に成功するとは限らない**ということですね。当社の過去の失敗例が示すように、技術が地続きであることは、重要な糸口ではあるが成功を保証するものではなかった。また、同様に顧客・市場が地続きでも、その多くは失敗しているし、成功したものでも小粒の新事業に止まっていると」

三人の部長の話を聞いていた社長の森重がボソッとつぶやいた。

**森重**：「新事業開発で、**最大の壁は事業カルチャーだな**」

社長の「事業カルチャー」というつぶやきに研究開発部長の有島が反応した。

**有島**：「社長がおっしゃっていることは、技術関連や顧客・市場関連以上に事業カルチャーが地続きであることが重要だということでしょうか？」

小林部長が言った。

**小林**：「確かに、言われてみればそういうことかも知れません。現に技術部隊は技術関連で多くのトライをしてきたし、営業も顧客・市場関連で多忙の中でいくつかのトライをしてきたわけですが、次の事業の柱になるような新事業を創り切れていません。その原因は**新事業のテーマが当社の事業カルチャーにフィットしていなかった**からかもしれません」

加藤営業部長が言った。

**加藤**：「社長のおっしゃる事業カルチャーとは、過去から蓄積され、引き継がれてきた当社の事業の考え方、やり方や進め方ということだと思います。たしかに、過去にトライした新事業テーマを振り返ってみると、顧客・市場での関連性は考えていましたが、事業カルチャーの視点は抜けていました。頑張れば参入できると思っていましたが、当社とは異なる事業カルチャーの壁は厚く、高かったわけです」

事業カルチャーという大きな壁にぶち当たり、社長以下3人の部長は天井を見上げて、長い沈黙の時間が流れた。

新事業の最大の壁は
事業カルチャー！
事業カルチャー

## 2.2 たしかに、元気な企業は同じ事業カルチャーの新事業開発をしている

新事業開発のキーは事業カルチャーの壁にあるという社長の言葉に、3人の部長はこれまでの当社の新事業開発の失敗事例を振りかえるとともに、新事業開発をうまくやっている企業を思い浮かべていた。

小林経営企画部長が言った。

**小林**：「新事業開発で世界的に有名なのは米国の**スリーエム**社です。3兆円の売上の超大企業です。研磨材、接着剤やフィルムなどの技術をもとに5万種類の異なる製品群（事業）を製造販売しています。社内ベンチャー制度など、独自の新事業開発のマネジメント手法を開発してきたことでも有名です」

有島研究開発部長が質問した。

**有島**：「私もスリーエム社の新事業開発の凄さは知っている。小林部長が言ったように接着技術、フィルム技術などをもとに、技術関連の新事業開発をしている優等生と認識しているが、それと事業カルチャーとどういう関係があるのかな」

小林部長がつづけた。

**小林**：「たしかにスリーエム社は技術関連の新事業開発で世界に名を馳せていますが、さらに注意深く見ると5万種類の製品群すべてが同じ事業カルチャーの事業なのです」

加藤営業部長がたずねた。

**加藤**：「スリーエム社の事業カルチャーって一体何なんでしょうか。企業全体のビジョン、経営理念として新製品、新事業の創出を掲げていることは知っていますが、スリーエム社に共通している事業カルチャーとは？」

小林部長はさらにつづけた。

**小林**：「スリーエムの事業に共通した事業カルチャーは**ニッチ・トップ**だと思います。5万種類の事業は最先端の医療関連市場から、ホームセンターで売られているキッチン製品など家庭用品市場までたくさんありますが、全てがニッチ・トップ製品、あるいはニッチ・トップを狙っている製品です」

加藤営業部長が確認するように言った。

**加藤**：「ニッチ・トップという意味は、規模で勝負する汎用品の大市場ではなく、小さな市場（ニッチ市場）で、**機能や性能で差別化してトップシェアをとっている**ことですね」

小林部長が頷きながらつづけた。

**小林**：「スリーエム社には基軸となる技術が十数個あり、**技術の地続きでたくさんのアイ**

**デアを出すとともに、それらを同じ事業カルチャーの事業に仕立て上げているわけです」**

有島研究開発部長が何か気づいたように話した。

**有島：**「スリーエム社の事業カルチャーで以前に凄いと思ったことがある。フロッピーディスク事業においてニッチ・トップで高収益を上げていたが、パソコン市場の拡大につれてフロッピーディスク市場も拡大してニッチ市場ではなくなってしまった。すると、スリーエム社はまだ利益が出ているにもかかわらず、これは自分達の事業カルチャーではないといって事業を売却してしまった。短期的な利益よりも事業カルチャーのマネジメントが最も重要ということなのでしょう」

しばらく、黙っていた社長の森重が口を開いた。

**森重：**「つまり、こういうことだな。技術や顧客・市場の地続き性は糸口として重要な意味を持つが、新事業の成功の鍵はむしろ事業カルチャーにある。したがって、**新事業開発では事業カルチャーのマネジメントがキー**であり、本質であると。うーん、おもしろい」

３人の部長も頭をタテに振った。

スリーエム社の事業カルチャーはニッチ・トップ

機能や性能で差別化し、
小さな市場でトップシェアをとる！

市場が拡大するとさっさと撤退

まだ利益が出るのに？
重要なのは、短期的な利益よりも
事業カルチャーのマネジメント！

## 2.3　事業カルチャーで分類するという発想

社長の「事業カルチャーのマネジメントこそ新事業開発のＫＦＳ（成功の要因）」ということで納得した３人の部長は次のステージへと議論を進めた。

有島研究開発部長がいった。

**有島**：「同じ事業カルチャーの新事業を開発している米国のスリーエム社の例はとてもわかりやすい。一方、日本のメーカーでも事業カルチャーを重視して成功している企業に**日本電産**があります。小型精密モーターで成長した優良企業ですが、企業買収による新事業開発でも有名です。企業買収といっても、原則として事業カルチャーのちがう企業は買収しません。小型で精密な機械、Ｂ２Ｂ事業、絶えざる機能・性能のアップ、自社製品が実質的な業界標準となる、など、自分達が得意な精密小型モーターと同じ事業カルチャーで成長させることができる事業や企業に限って買収しているように見えます」

社長の森重が言った。

**森重**：「どうやら、事業カルチャーが新事業開発の成功の要因であることは間違いなさそうだ。とすれば、事業カルチャーをもっと体系的に分類、定義することで新事業開発の成功の確率をぐっと高めることができるはずだ。事業カルチャーについてもっと深堀して、我々経営陣がしっかり認識しておかないと新事業開発はこれまでと同じように空回りしてしまう」

加藤営業部長が言った。

**加藤**：「**ユニクロ**の新事業はフリースやヒートテックなど、従来高級品で高価格であった衣料を低価格で提供することで成功しています。一方、失敗例もあります。高級野菜の宅配事業です。ユニクロが参入しましたが、全く売れずに撤退しました。フリースやヒートテックの事業こそがユニクロの得意な事業展開であり事業カルチャーということであって、**異なる事業カルチャーの壁は簡単に超えることはできない**ということでしょうか」

小林経営企画部長が言った。

**小林**：「事業カルチャーを、その企業に働く人々が過去から積み上げ、蓄積してきた得意な『顧客から見た価値のつくり方』と定義しても良いと思います。米国スリーエム社はニッチ分野で機能・性能で一味違う製品をつくることが得意です。つまり、機能・性能でお客様が選んでくれるような製品づくりです。そして、そこに向けての強い事業カルチャーを共有しています。一方、ユニクロは、従来の高級品、高価格品をアッと驚くような低価格で製造し、提供する事業づくりが得意です。『顧客から見た価値』はビックリするような低価格です。そのような強烈な事業カルチャーを柳井社長が牽引しています」

加藤営業部長もつづいた。

**加藤**：「宅配便の**ヤマト運輸**の新事業開発も迫力があります。もともとは、米国にあったオフィス向けの小包配送事業を日本に導入して一般家庭向けにも広げた宅配事業を立ち上げました。その後、ゴルフ宅急便、クール宅急便事業などを新事業として立ち上げています。これらはすべて、翌日配達という利便性が共通の『顧客から見た価値』になっています」

社長の森重が自分の頭の中を整理するように言った。

**森重**：「つまり、事業カルチャーの根幹は**どのような『顧客から見た価値』を創るのか**だな。その価値づくりに向けて組織に共有された考え方、やり方、動き方が事業カルチャーということだな」

小林部長が「顧客から見た価値」という言葉に反応した。

**小林**：「みなさん、ちょっと待ってください。最初にCFTでの地続き性の話をしましたね。その後、技術関連や顧客・市場関連で失敗の山を築いてきたことも議論しました。しかし、Fつまり**『顧客から見た価値』での地続き性**は議論してきませんでした。ハッとしたのですが、事業カルチャーの議論こそ、このFの地続き性の話なのではないでしょうか」

社長の森重が言った。

**森重**：「わたしも、小林部長の言う通りだと思う。事業カルチャーは「顧客から見た価値」づくりそのものだ。だから、Fの地続き性ということは、同じ事業カルチャーの事業をつくるということと同義だ。だから、スリーエム、ユニクロ、ヤマト運輸などの元気な企業はFが地続きの、つまり同じ事業カルチャーの新事業に絞って開発しているということだ」

社長の話を聞きながら、小林部長が一枚のマトリックス図をパソコンから取り出して、プロジェクターで会議室の壁に映した。

**小林**：「これは、**戦略ビジネスプラットフォーム**という図です。この前、ある事業戦略セミナーに出席したときに配布されたものをスキャナーで取り込んだものです。事業を米国の経営学者エイベルの定義に従って整理したものです。縦軸に技術（T）、横軸に顧客（C）をとって整理すると、元気な製造業およびサービス業が提供する『**顧客から見た価値**』（**F**）**はざっくりと6種類に分類される**そうです。講師は**勝ちパターン**と名付けていましたが、これこそ我々が議論している事業カルチャーの分類に使えると思います」

プロジェクターで壁に映しだされたマトリックス図を見ながら有島研究開発部長が言った。

**有島**：「縦軸の技術を①他社並み、②一味違う、③一桁違うと分けていますね。また、横軸は①不特定多数の顔の見えない顧客、②特定の顔の見える顧客、③価値観を共有する顧客という具合にマトリックスの枠をつくると、6つの事業カルチャーに分類されるわけですね。①**世界初・市場初型**、②**匠型**、③**ソリューション型**、④**汎用型**、⑤**ベストパートナー型**、そして、⑥**こだわり型**というわけですね」

加藤営業部長もマトリックス図の内容を確認するように言った。

**加藤**：「例えば米国スリーエム社の場合は、機能・性能の差別化で勝負する匠型の中で既存事業も新事業も展開していて、匠型からはみ出すことはない。高級・高機能品であったフリースやヒートテックを汎用品化、低価格化して成功し続けているユニクロは汎用型の事業カルチャーですね。高級ブランド野菜事業で失敗したのは、それがこだわり型であって、汎用品の事業カルチャーとは異なっていたからだと説明できますね。なるほどおもしろい」

森重社長が言った。

**森重**：「このマトリックスは既存事業の戦略づくりのために開発された戦略ツールだと思うが、我々の新事業開発の方向づけにも大いに活用できるものだ。よく考えれば、当たり前のことだが、既存事業と新事業に基本的な差はない。なぜなら、今日の新事業は明日の既存事業であり本業となるのだから」

## 事業カルチャーの分類

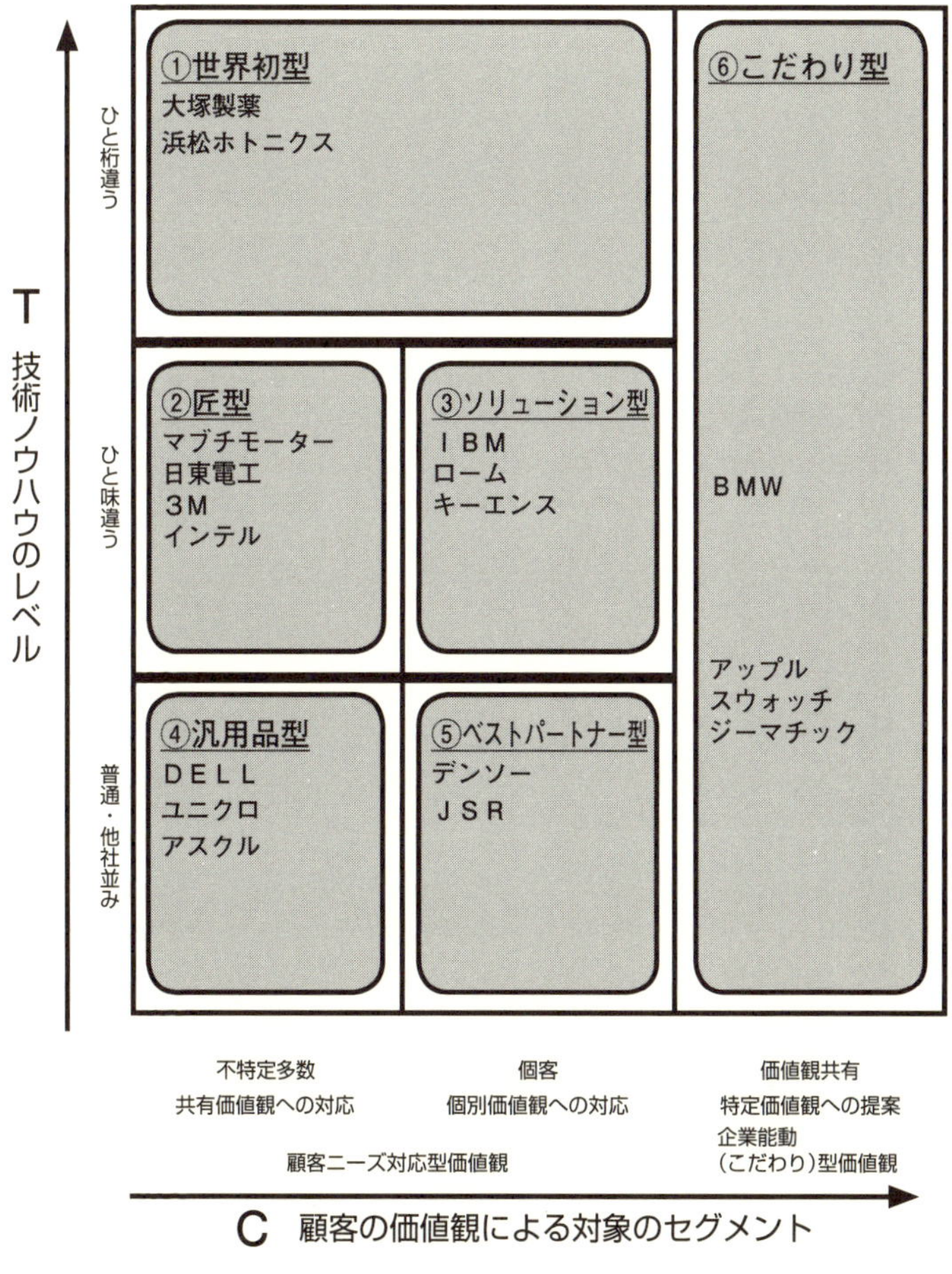
①世界初型
大塚製薬
浜松ホトニクス
⑥こだわり型
BMW
アップル
スウォッチ
ジーマチック
②匠型
マブチモーター
日東電工
3M
インテル
③ソリューション型
IBM
ローム
キーエンス
④汎用品型
DELL
ユニクロ
アスクル
⑤ベストパートナー型
デンソー
JSR
T 技術ノウハウのレベル
ひと桁違う
ひと味違う
普通・他社並み
不特定多数
共有価値観への対応
個客
個別価値観への対応
価値観共有
特定価値観への提案
顧客ニーズ対応型価値観
企業能動
(こだわり)型価値観
C 顧客の価値観による対象のセグメント

## 2.4 そうだ、新事業開発も選択と集中だ！

新事業開発の戦略は混沌としていたが、これまでの議論で社長と3人の部長の頭の中は徐々に整理されてきた。小林経営企画部長が**これまでの議論を整理**した。

**小林**：「だんだん頭の中が整理されてきたように思いますが、一度ここで確認を含めて新事業開発についてこれまでの議論を整理してみます。まず、第一に、新事業テーマについては成長・地続き・独自性が必須であること。第二に、地続きについては、顧客・市場、技術ノウハウ、顧客から見た価値の3種類があり、それぞれについてテーマアップを加速させること。第三として、新事業開発の成否は事業カルチャーが鍵を握っていること。そして第四として、事業カルチャーは事業の『顧客から見た価値』と連動していること。最後に第五として、元気な企業は同じ事業カルチャーの新事業に絞って、次々に立ち上げていること。以上の五つにまとめることができます」

社長の森重がいった。

**森重**：「これまで我々は既存事業の拡大と高収益化に全勢力を傾けてきた。そのお蔭で、

500億規模の事業を創り上げることができた。しかし、謙虚に言えば、社長の私も、そして部長の皆さんも新事業を自分で立ち上げたことはない。いわば素人だ。新事業の戦略づくりも暗中模索状態だった。しかし、どうやら少し頭の整理ができてきた」

加藤営業部長が言った。

**加藤**:「わたしも何となく頭の整理ができてきました。要するに、新事業開発は既存の技術関連、顧客・市場関連、『顧客から見た価値』関連で多くのテーマアップが可能であること。そして、新事業を成功させる最大のポイントが既存事業と同じ考え方、やり方あるいは進め方といった事業カルチャーであると」

有島研究開発部長が自問自答するように言った。

**有島**:「既存事業の事業カルチャー、つまり勝ちパターンと同じ勝ちパターンで儲けることができる新事業に絞るということは十分納得できます。ということは、**既存事業の勝ちパターンを明確にして、それに合致する新事業テーマを選択して進めればよい**ということなのですね」

小林経営企画部長が言った。

**小林**:「私もスッキリしました。当社の事業カルチャー、つまり勝ちパターンは匠型です。一味違う機能・性能という製品の中身の差別化で『顧客から見た価値』で顧客に選んでいただいています。ですから、新事業開発もこの匠型に当てはまる事業に絞って進めれば、同じ勝手知ったる事業カルチャーですから、スピードも上がり成功の確率も一気に高まります」

3人の部長の発言を聞き終えて、森重社長は確信を得たように言った。

**森重**：「皆さんの考えに私もまったく同感です。**当社の事業は匠型ですから、新事業開発も匠型に徹しましょう**。製品の中身の差別化で勝負する匠型での開発、事業づくりは世界を相手にしても十分勝算はあります。米国のスリーエム社も匠型ですが、日本企業の当社はスリーエム社の真似をするのではなく、自分たち流の新事業開発で十分行けるはずです」

小林経営企画部長が言った。

**小林**：「社長のお話はよくわかります。つまり、**新事業開発においても選択と集中が必須**ということですね。同じ事業カルチャーつまり、同じ勝ちパターンでやれる新事業テーマを選択して、それらの立ち上げに集中するということですね」

森重社長が言った。

**森重**：「よーし、おもしろくなってきた。事業カルチャーの視点で本気で新事業開発の選択と集中をしよう！　そして、同じ事業カルチャーの事業群をたくさんつくろう」

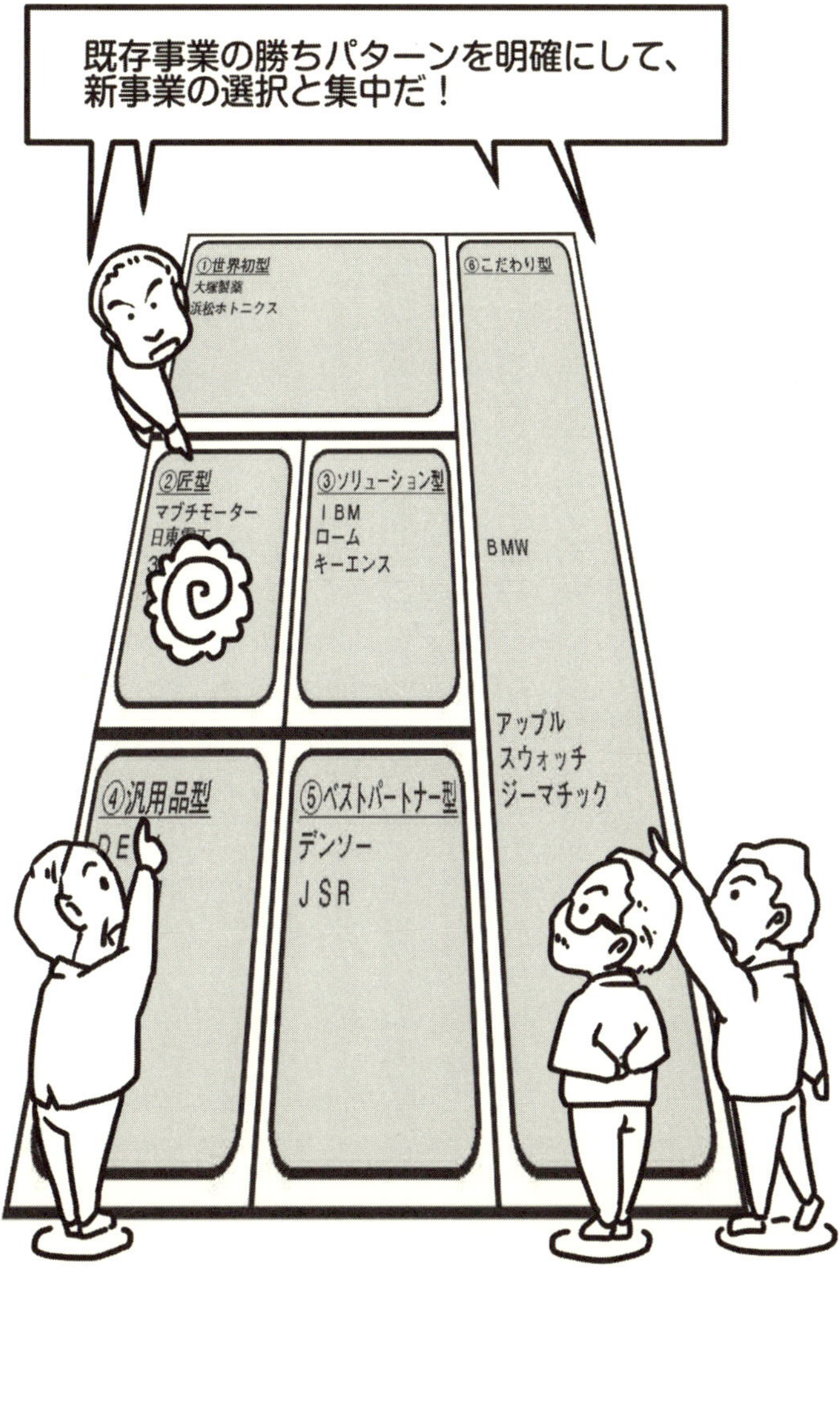
既存事業の勝ちパターンを明確にして、
新事業の選択と集中だ！
①世界初型
大塚製薬
浜松ホトニクス
⑥こだわり型
②匠型
マブチモーター
③ソリューション型
IBM
ローム
キーエンス
BMW
アップル
スウォッチ
ジーマチック
④汎用品型
⑤ベストパートナー型
デンソー
JSR

# 3. 自前主義の壁(第三の壁)

同じ事業カルチャーで事業を増殖していくことが定石だ。一方、事業カルチャーは異なるけれども、技術や、市場の地続きで大きなビジネスチャンスが今でも周辺にたくさん転がっている。何とかして、このビジネスチャンスを手に入れることはできないだろうか? 自前主義を捨てればできるはずだ。

## 3.1 だめだ、〝部品屋〟から脱却できない

社長以下3名の部長は既存事業と同じ事業カルチャーを軸にして当社の新事業群を増殖していくことで納得するとともに一応の頭の整理ができた。

社長の森重が言った。

**森重**:「同じ事業カルチャーで勝てる新事業テーマに絞り、当社らしい中核事業群を今後増殖していこうという戦略は間違っていない。当社の新事業開発の基本戦略として推進していこうと思う。しかし、何か地味すぎて元気が出ない。小林部長どう思う?」

突然意見を求められた小林経営企画部長は社長の質問の意図がよくわからないまま話し始めた。

**小林**：「私としては同じ事業カルチャーで新事業の選択と集中をするという基本戦略は素晴らしいと思いますし、自分達の勝手知ったる得意なやり方で事業開発できますから成功の確率も高まると思います。社長のご質問の意図がよくわかりませんが……」

社長の森重が言った。

**森重**：「たしかに当社の勝ちパターンを軸にして進めるのはいいが、当社の勝ちパターンは高機能・高性能の部品を顧客のスペックに合わせて設計、製造することだ。つまり〝部品屋〟としては他社に負けないだけのものをもっている。しかし、同じ事業カルチャーで新事業開発をするということは、別の見方をすれば、光学分野以外にも展開するとしても〝部品屋〟の域を出ないということだ」

社長の発言の意図が少し見えてきた加藤営業部長が言った。

**加藤**：「社長がおっしゃりたいのは、いつまでも〝部品屋〟ではなく、当社の部品を組み込んだシステム事業へ展開しなくてよいのかということですね。そして、それらの事業は部品事業とは**異なる事業カルチャー**だということですね」

社長の森重が言った。

**森重**：「システム事業はグローバルレベルで大きく広がっていく有望市場であること、そして、当社は何らかのかたちで顧客とのつながりもあり、技術も部品屋から見た範囲ではあるが地続きである。もちろんシステム関係の技術を補強しなければならないが、それは可能だ。つまり、事業カルチャーの問題さえ何とか乗り越えることができれば当社の将来をダイナミックに変えることができるはずだ」

有島研究開発部長が言った。

**有島**：「システム事業については新事業テーマとして何度もとりあげていますが、一向に具体化しないのが現状です。システムを手掛けることは本業の光学部品の新製品開発との間に大きな相乗効果を生みますから、ぜひ事業化したいのですが、不発です。事業カルチャーの壁を越えることができません」

営業部長の加藤が言った。

**加藤**：「部品事業の市場環境も大きく変わっています。従来は国内のメーカーさん相手でした。日本のメーカーさんはレベルが高いというか、当社の部品を技術的によく知っていてお客様のほうでうまく使いこなしてくれます。一方、市場ポテンシャルがどんどん拡大している新興国のメーカーさんはそうではありません。一括納入、システム納入などが常識で、いくら機能・性能に優れた部品を単品として持っていっても相手にされません。当社にとってシステム事業を立ち上げることは避けられない経営課題です」

異なる事業カルチャーのシステム事業を新事業として立ち上げれば当社の将来は大きく開ける。しかし一方では事業カルチャーの壁は高く、厚いというジレンマに陥ってしまった。

事業カルチャーの壁を
越えるべきか、否か？
手堅く
飛躍

## 3.2 たしかに、自前主義の壁がある

既存の事業の勝ちパターンと同じ事業カルチャーの新事業開発に「選択・集中」するということで一度は納得したはずだったが、システム事業を立ち上げなくていいのかという社長の一言で議論がこれまでとは違う方向へ進んでいった。

サービス事業に思い入れのある経営企画部長の小林が言った。

**小林**：「システム事業の重要さも認識しておりますが、さらに**サービス事業分野**への新規参入も当社として戦略的に進めるべきだと思います。具体的には、環境保全や、資源問題のニーズがあります。このような観点から当社の部品に限らず他社の部品を含めたリサイクル、リユース事業を立ち上げることができれば大きな事業の柱になります」

営業部長の加藤がサービス事業に関連していった。

**加藤**：「ご存知のように、当社でも環境に優しい企業をアピールするために、部品を回収して、再利用することはすでに始めています。しかし、あくまで環境対策のコストという位置づけで進めており、事業にして儲けるという発想はありません。サービスで儲けるという事業カルチャーは当社にはないので、たとえ事業化を計画しても、それに必要なノウ

ハウがありませんし、人材もいません」

　加藤部長の発言に社長の森重が頷きながら言った。

**森重**：「やはり、私は社長として当社のシステム化、サービス化の夢を捨てきれない。大きく成長するためには、そして将来に向けて多くの成長の機会を取り込むためにもシステム化、サービス化は必要だ。問題は**自前主義に頼り過ぎる**ことにある」

　自前主義という言葉に小林部長が反応して言った。

**小林**：「社長のおっしゃりたいことはこういうことですか。つまり、新事業開発を進めるにあたっては、過去からの蓄積、社員に蓄積された既存事業の事業カルチャーを軸にすることによって、こつこつと自前主義で新しい分野の部品事業を次々に立ち上げることができる。そのような事業群は全て機能・性能で差別化された匠型の事業カルチャーを共通項として持っている。これを続けることによって、Σ部品事業の企業として世界で存在感を高め、増収増益を実現することができる。

　一方、大所高所からみるとシステム化やサービス化を企業として進めることが、当社の明るい将来を約束するように思える。もちろん技術や市場の地続き性を持った範囲での話ですが、思い切ってシステム事業、サービス事業を本気で立ち上げることを諦めてはならない。しかし、自前主義の壁がある。新事業を自社だけで立ち上げることを暗黙の了解事項としている限り、異なる事業カルチャーの壁は永遠に越えることができない。だから、自前主義という我々が持っている壁を取り払え、ということでしょうか」

社長の森重が頷きながら言った。

**森重**：「小林君が整理してくれた通りだ。当社だけでなく日本企業は総じて自前主義が好きだ。**結果として同質的になっている**。これが強みとして作用した結果、きめ細かく、緻密なモノづくりや、『おもてなし』のサービスづくりでは世界一を誇っている。一方、弱みとして作用している面もある。欧米企業に比べて儲けるのが下手だ。例えば米国の**GE社**だ。ジェットエンジンのメーカーとして、世界をリードしている。しかし、儲かっているのはむしろメンテナンスサービス事業だ。メーカーでありながらしたたかにサービス事業で儲けている。事業カルチャーの異なる事業を別事業として立ち上げ、互いに異なる事業カルチャーの事業を見事に相乗効果のある一つの儲かるシステムとしてつくりあげている。自前主義の日本企業には非常にむずかしいことだ」

3人の部長は頭の中が再び混乱してきた。既存の事業カルチャーにこだわった新事業開発をしろ、しかし、それではシステム事業、サービス事業という当社の**直ぐ隣にある大きなビジネスチャンスを逸してしまう**し、当社の将来のダイナミックな展開のチャンスも封じ込んでしまうことになる。だから、既存の事業カルチャーだけにこだわってはいけない。

有島研究開発部長が言った。

**有島**：「社長のおっしゃることはよくわかります。で、どうすればよいのでしょうか？
社長はすでに答えをお持ちなのではないですか？　それだったら、教えてください」

自前主義の壁を越えなければ、
大きなビジネスチャンスを
逃してしまう！
自前主義
異文化カルチャー

## 3.3 マイナー合弁という発想

既存の事業カルチャーにこだわって匠型の新事業開発を加速させる、一方既存の事業カルチャーにはこだわらず、むしろ匠型の事業カルチャーの壁を越えてシステム事業、サービス事業を立ち上げなければならない。2つの矛盾した社長の言葉に3人の部長の頭の中は再び混沌とした状態に戻ってしまった。

しばらくの沈黙の後、小林部長が言った。

**小林**：「社長がおっしゃることを整理するとこういうことですね。まず、新事業開発の基本プレーとしては、既存の事業カルチャーで進める。つまり、一部は外部と連携するにしても、基本的には当社が主導権を取って自前主義で進めるべき新事業開発です。しかし、それだけでは今そこにある大きなビジネスのチャンス、将来に向けた企業成長のチャンスを逸してしまう。そこで、自前主義を敢えて捨て、新事業にフィットした事業カルチャーを持つ企業と組む、さらに彼らに事業展開の主導権を渡して彼ら流でのやり方で新事業を立ち上げる、ということですね。なるほど、こう考えれば矛盾はない」

社長の森重が言った。

**森重**：「小林部長が整理してくれたが、その通りだ。私は経営最高責任者として当社をもっと大きく、高収益な企業にしたいと思っている。その本丸は既存の事業カルチャーを軸とする匠型での事業群の増殖だ。しかし、当社にはまだ多くの可能性が潜在している。本丸での強みを活かしたシステム事業やサービス事業をグローバルで展開することだ。自前だけでは到底できないが、**当社の本丸での強みを取引材料にして、異なる事業カルチャーを持った企業と組む**ことができる。当社の匠型での強さと、パートナーの異なる事業カルチャーを組み合わせることによってグローバルで儲けることができる」

加藤営業部長が質問した。

**加藤**：「たしかに、システム製品のメーカーやサービス会社と組んで、事業展開自体は彼らに主導権を持たせることで新事業を立ち上げることができると思います。しかし、問題があります。特にシステム製品会社は既存事業の大切なお客様です。特定の企業と組むことは他のお客様を失うことになりますから絶対にできません」

有島研究開発部長もその通りとばかり頷いた。社長が言った。

**森重**：「そのとおりだね。だから、今までにない新しいシステム事業分野とかサービス事業分野に絞ってやることが必要だ。それから日本企業と組むのではなく、もともとシステムやサービスに強い事業カルチャーをもつ海外企業と組んだほうが得策だ」

社長の森重はプロジェクターで1枚の図を会議室の壁に映して、少し長い話を始めた。

**森重**：「この図は世界の企業の得意な事業カルチャーについてまとめたものだ。**第1のゾーンはシステムで勝負する**事業カルチャーだ。航空宇宙、大型プラント、大規模ITシステムなど、大型のシステム構築力で勝負が決まる事業群だ。ここは米国がやたらと強い。グーグル、アマゾン、マスターカード、IBM、エンジニアリングのベクテル社などいくらでも挙げることができる。**第2のゾーンはブランドで勝負する**事業カルチャーのゾーンだ。ヴィトン、アルマーニなど高級ブランドでは欧州の強さが目立つ。超高級マンションのシステムキッチンなどもドイツが覇権を握っている。15世紀のルネッサンス、その後の大航海時代から蓄積された富と生活の豊かさが基盤になっている。**第3のゾーンは規模で勝負する**事業カルチャーだ。家電、パソコン、携帯、汎用メモリー等、大規模な生産設備や、販売サービス網がポイントとなる事業群だ。日本も高度成長期にはこの第3ゾーンで世界を席巻していたが、現在は新興国にそのお株を奪われてしまったというわけだ」

森重は3人の部長が真剣に図に見入っているのを確認して、最後のゾーンの説明を始めた。

**森重**：「**第4のゾーンは、絶えざる進化・変化で勝負する**事業カルチャーのゾーンだ。産業機械、OA機器、精密部品、デバイスなどきめ細かな少量多品種と、常に新技術を組み込んで機能アップや、改良改善による性能アップがポイントとなる事業群だ。当社もこのゾーンに位置しているが、**日本メーカー全体の事業カルチャー**といってもいいだろう。エレクトロニクス向けの精密化学品の分野では、何と世界の70％のシェアを日本企業が占めている」

社長の説明が一段落したところで、小林経営企画部長が言った。

**小林**：「つまり、当社は第4ゾーンに位置する匠型を本丸としつつ、システムの事業カルチャーで優れた第1ゾーンの海外企業や、サービス事業のカルチャーで優れた第3ゾーンの海外企業と組むことで事業領域を大きく、グローバルに広げることができるわけですね。これはおもしろい図ですね」

社長が嬉しそうに言った。

**森重**：「その通り、『Think Big!』、『Think Globally!』だ」

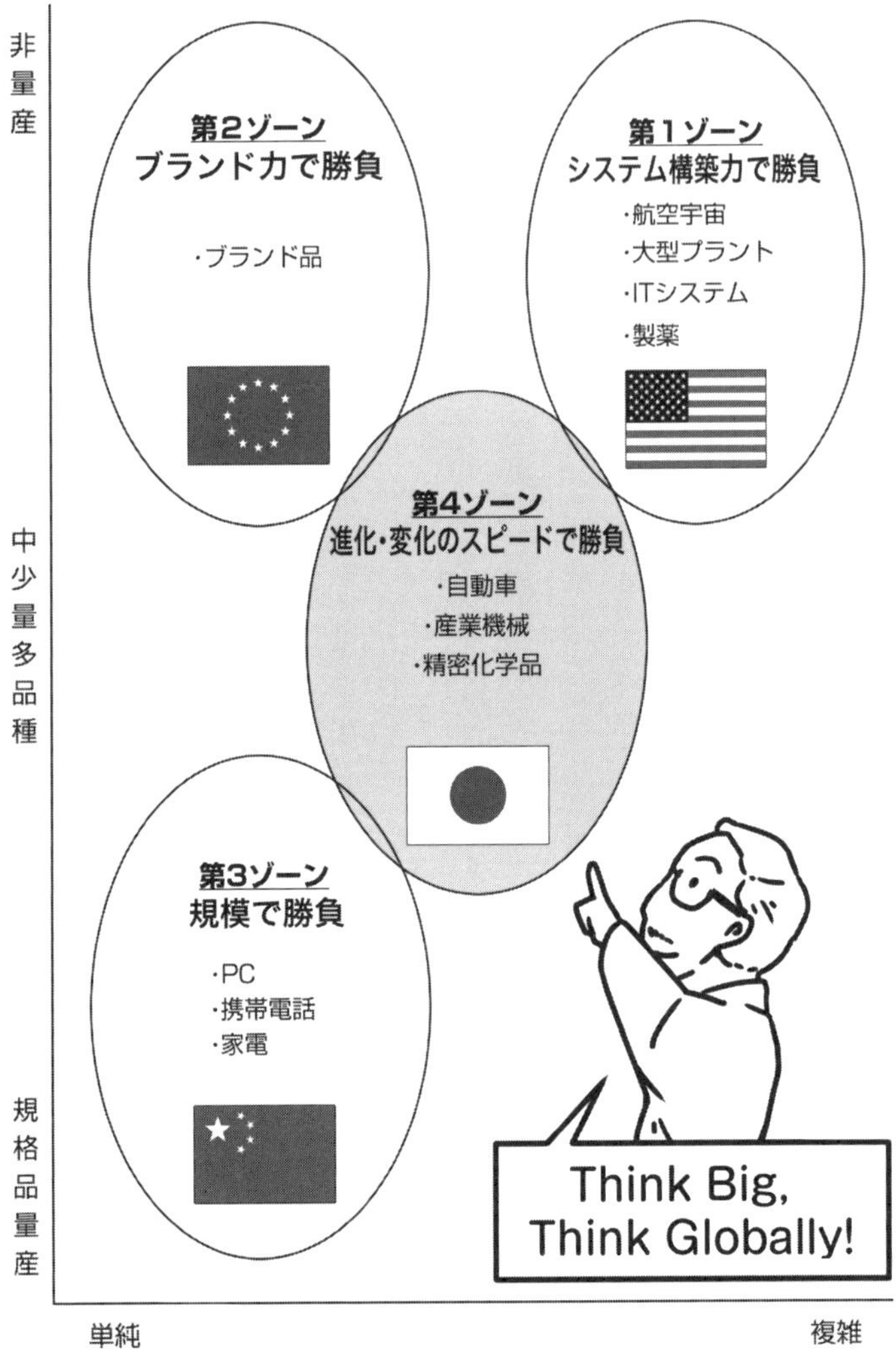
非量産
中少量多品種
規格品量産
単純
複雑
第2ゾーン
ブランド力で勝負
・ブランド品
第1ゾーン
システム構築力で勝負
・航空宇宙
・大型プラント
・ITシステム
・製薬
第4ゾーン
進化・変化のスピードで勝負
・自動車
・産業機械
・精密化学品
第3ゾーン
規模で勝負
・PC
・携帯電話
・家電
Think Big,
Think Globally!

## 3.4 そうだ、海外企業とマイナー合弁だ！

Think Big! Think Globally! という社長の言葉に勇気づけられた3人の部長は再び自分達の頭の中を整理するかのように話し始めた。

有島研究開発部長が言った。

**有島**：「当社は創立以来60年にわたり本丸である第4ゾーンで技術ノウハウを深堀してきました。汗と涙の結晶といってもいいでしょう。それらをいわばエサにして、第1～第3ゾーンの事業カルチャーを持つ企業と組むことができるわけですね。そして、新事業を立ち上げながら当社の若手に新しい事業カルチャーを体得させることもできる。事業づくりと人づくりが一石二鳥でできるわけですね」

加藤営業部長が言った。

**加藤**：「言われてみれば、海外企業と組んだり、買収したりして大きく、グローバルに事業展開を成功させた**事例をいくつか**知っています。**東レ**がイタリアの企業と組んで、アルカンターラという極細繊維布地の高級ブランドの立ち上げに成功しています。空調の**ダイキン工業**も中国の格力社と組んで低価格帯の新製品の開発をしています。ある日系の物流会社はベトナムで新たに事業を立ち上げるために**現地物流会社との合弁会社**をつくっています。ということは、当社も積極的にシステム事業、サービス事業、ブランド事業づくりにおいて得意な事業カルチャーを持つ海外企業と組めば短期間に事業を立ち上げることができるということですね。自前主義で一から始めていたのでは途中で立ち枯れてしまう」

社長の森重がボソッと言った。

**森重**：「**マイナー合弁**だな。マイナー合弁でやればうまくいく」

マイナー合弁という聞きなれないつぶやきに小林部長が聞き返した。

**小林**：「社長のおっしゃるマイナー合弁という言葉は初耳です。普通の合弁事業とは違うのでしょうか？　ご説明いただけますか」

社長の森重が得意そうに説明を始めた。

**森重**：「マイナー合弁というのは私の造語だ。経営用語辞典を調べても出ていない。話は簡単だ。**合弁事業に出資するときに10%～30%位の出資比率に抑えることだ。合弁の相手に主導権をもってもらう**わけだ。多くの日本企業は海外の企業と合弁会社を設立するときに51%の出資比率にこだわる。自分達が主導権をとって事業展開するためだ。しかし、必ずしも得意でない事業カルチャーを必要とする分野での合弁では、主導権を相手に与えて、事業展開を任せたほうがいい。もちろん、丸投げではなく自分達も一生懸命にその事業カルチャーや市場情報、業界情報を吸収することが前提だ」

3人の部長が頷くのを確認して、社長の森重は話をつづけた。

**森重**：「リスクの観点からもマイナー合弁がいい。出資金額が少なくて済むことはもちろんだが、それだけではない。こちらが主導権をとると、相手側はおんぶにだっこ的に頼ってくる。エンドレスで日本の技術者や管理職を投入しなければならなくなる。こんな悲惨な例がゴロゴロ転がっている。これではうまくいかない。**パートナーに主導権を持たせることで、逆に彼らに十分働いてもらうことができる**」

小林経営企画部長が「わかった！」とばかりに発言した。

**小林**：「海外企業とマイナー合弁で行きましょう。リスクを低減できることも魅力ですが、何より国内の日本企業と組んで進めると、いろいろしがらみが多くて船が前に進みません。海外企業とマイナー合弁で閉塞突破できるということで元気が出ました」

有島研究開発部長が言った。

**有島**：「新事業開発について、いままでは、当たり前のように、まず国内で立ち上げ、その実績を持って海外に展開すると考えていました。実際、それに賛同する社員も多かったわけです。しかし、社長の考えは逆で、**いきなり海外で新事業を立ち上げろ**とおっしゃいます。天動説から地動説へ変わるくらいショックを受けています。でも納得です」

加藤営業部長も納得した顔で言った。

加藤：「マイナー合弁は①**少ないリスク**、②**速い立ち上げ**、③**相手を梃（てこ）にして楽な展開**という、いわば『安心』、『速い』、『楽だ』の三拍子そろった新事業開発ということですね。これはおもしろい」

海外企業とマイナー合弁という、これまでにはなかった新事業開発における新たなルートを見つけたことで、社長と3人の部長のテンションは高まっていった。

・いきなり海外で新事業を立ち上げろ
・パートナーに主導権を持ってもらえ
海外企業とマイナー合弁だ！

# 4. 意識・自覚の壁（第四の壁）

新事業開発の必要性は企業の誰もが認識している。本業に次ぐ第二、第三の柱が創出されていないことに危機感も持っている。しかし、だれも本当に自分の役割、責任だとは思っていない。新たな役割分担、責任分担が必要だ。

## 4.1 だめだ、いつも新事業開発は後回しだ

これまでの議論を小林経営企画部長が整理した。

**小林**：「当社の新事業開発についてたくさんの議論をしてきましたが、この辺で一度整理してみたいと思います。

まず第一に、**新事業開発の定石**は①成長分野、②地続き性、③独自性の3つを備えること。そして第二に、**地続き性**はC：顧客、F：顧客から見た価値、T：技術ノウハウの3つであり、これらを軸にして整理・探索することで多くの新事業テーマが見えてくること。

さらに第三として、Fの軸は事業カルチャーに直結するもので、**既存事業と同じ事業カ**

**ルチャーの新事業**が成功の確率が高いこと。

そして、最後の第四として、魅力的な新事業であるが事業カルチャーが異なっている場合は、それらを得意とする**海外の企業とのマイナーな合弁**というアプローチが賢い選択であること。

以上4つにまとめられると思います」

社長の森重が頷きながら言った。

**森重**：「小林君がまとめてくれた通りだね。これで、新事業開発に対するおおよその見方、考え方が整理されたと思うが、他に何か足りないものはないだろうか。有島部長どうかな」

社長に発言を振られて、有島研究開発部長は自分達が進めている新事業をイメージしながら話した。

**有島**：「いま、開発部門の新事業のテーマとして、次世代の通信向け光学モジュールを客先である日本の大手電機メーカーと一緒に共同開発しています。しかし、先行き不透明の中で客先の開発スピードがペースダウンしています。当社はもっと開発を先に進めたいのですが……。広くグローバル視点で海外の元気な企業と組んだほうが良かったのではなかったかと迷いが出ています。中長期的な開発であればあるほど開発のパートナーの選択は重要なのですが、つい手短で言葉の壁のない日本企業とくっついてしまう。今後は、グローバルリーダーと組む、あるいはグローバルな開発コンソーシャムの一員となることが重要だと思います」

社長の森重が言った。

**森重**：「有島部長の言うことはその通りだと思う。ただ、わたしは言葉の壁もあると思うが、外部、特に世界の学会や、工業会、そして企業への発信が乏しいと感じている。発信がなければ人脈づくりができず、新事業のキッカケも生まれない。**当社の技術者、いや日本企業の開発技術者に不足しているのは発信力だ**。

受け身の顧客対応、スペック対応での技術ソリューションの開発だけでは不十分だ。当社の技術を発信することで、新技術開発や新事業開発のキッカケを意思決定の速い海外企業との間でつかむことができる。開発技術者の最も大切な役割は自分達のことを発信すること、そのための発信力だ！

発信する弾として開発技術者一人ひとりの技術開発の成果も重要だが、それだけではない。発信先のターゲット市場のグローバルリーダー企業については、その動向に関する情報を営業に頼るのではなく、技術者自身で把握するべきだ。これが開発技術者に求められるマーケティングということだ。できるだけ多くの顧客を対象にする営業部隊のマーケティングとは目的も、対象企業も全くちがうことを自覚して欲しいものだ」

しばらく黙っていた加藤営業部長の泣きが入った。

**加藤**：「営業を取り仕切る立場に私はおりますが、営業マンの頭の中に新事業開発の占める割合はスズメの涙程です。一般的風潮として、今期の売上、利益が最優先というか、それしかありません。行ければ行けるところまで売り上げを伸ばし、儲けるだけ儲けるというのが、営業マンスピリットです。そして数値の結果を出している人が廊下の真ん中を歩き、成果が出てない人は端っこを歩いています。

既存事業の競争も激化の一途をたどっていて、現状を維持するのに手は抜けません。競合企業が新製品を出した、顧客がクレームを言ってきた等、**いつも非常ベルが鳴り続けているのが営業の現場**です。

営業会議では新事業開発の議題が毎回出るのですが、今の非常ベルが鳴り収まったら考えようということで後回しになります。問題は、営業の現場では非常ベルが常になり続けていて、未来永劫鳴り止むことはないという現実です。つまり、**新事業開発はいつも後回し**ということです」

既存事業の対応に忙しくて、
新事業開発に手が回らない！
ジリリリリリ
○×社の
新製品

## 4.2 たしかに、だれも自分の問題としてとらえていない

研究開発部長と営業部長の話を聞いて、社長の森重が言った。

**森重**：「つまり、**経営側にも社員にも新事業開発に対する自覚と覚悟が極めて甘い**ということだ。経営サイドについて言えば、対外的には中期経営計画で新事業開発への取り組みをアピールし、社内に向けては年頭社長あいさつで新事業の重要性を唱えるだけで、具体的な行動に向けての詰めがなされていない。一方、社員サイドも目の前のお客様に一生懸命なのはよいが、問題は新事業開発を後回しにするエキスキューズの材料にしていることだ。こんなことが、トップから最前線の社員まで自覚と覚悟のないまま毎年繰り返されているわけだ」

小林経営企画部長が言った。

**小林**：「社長のおっしゃる通りです。自覚と覚悟の問題なのですが、20年30年と続いていて、それが当たり前だという意識になっている現状をどう打破すればよいのでしょうか」

営業部長の加藤も言った。

**加藤**：「事業のシステム化、サービス化も中期経営計画の方針として掲げられ、また年頭

の先代の社長あいさつでも言及されてきました。営業部隊もそれを具体化しようとするのですが、空回りというか、グリップが効かず、具体的な進展のないまま次期中計に同じ方針を書き込む先送りを続けてきました。本音で言えば、うちの営業マンにシステム化やサービス化という異なる事業カルチャーの新事業を進めるだけの経験や情報を持った奴はいません。仮に、そのような優秀で行動力のある奴がいたとしても、優秀な人に目の前の仕事が集中するという法則が日本企業にはありますから、異文化の新事業開発は全く進みません」

社長が言った。

**森重**：「どうも、われわれは新事業開発に関するマネジメントについて勉強不足のような気がする。新事業について何もわかっていない。今日、このようにチョット議論しただけでも、多くのことに気づくとともに、わからないこと、整理できていないことがたくさん出てくる。既存事業のオペレーションについてはそこそこ優秀なわれわれも、新事業開発のマネジメントについては、経験も乏しく、ど素人と言ってもいいくらいだ」

ＭＢＡコースで戦略マネジメントを学んだことのある小林部長が言った。

**小林**：「だいたい米国発の戦略マネジメントは既存事業の運営つまりオペレーションに関するものがほとんどです。なぜなら、新事業開発や新商品開発というイノベーションは内部発というより、外部から技術導入とかM&Aをすればよいという発想です。従って、経営の教科書もイノベーションよりオペレーションについて多くのページを割いています。われわれ経営に携わる者は、米国発の教科書で多くの勉強をしますが、そこには新事業開発についてはあまり書かれていません。ですから、勉強不足になっています」

社長が全くそのとおりという顔で話し始めた。

**森重**：「日本企業が世界の中で存在感を出せるとしたら、欧米や、中国、韓国以上の『進化・変化』しかない。それが、当社の生命線でもある。既存事業の新製品開発とともに、新事業開発はその象徴的なものだ。そうであるなら、当社を含め、日本のメーカーは新事業開発のマネジメントについて世界をリードするくらいのレベルに達するべきなのに、残念ながらそうはなっていない。できれば、世界のメーカーがそのやり方を日本に学べとばかり見に来るほどであってほしいわけだ。やってできないことはない。現に、現場のモノづくり、プロセスイノベーション（製造工程の革新）では、日本の工場に世界の経営者達が見学にきた。新事業開発において、当社もそのように世界の企業から注目されるような企業になりたいものだ。そのためには既存事業のオペレーションと同程度の重要さで**既存事業の革新と新事業開発というイノベーションを同時並行的に進めなければならない**」

自分の思いを話し終わった社長の森重がボソッとつぶやいた。

森重：「ポイントは役割分担だな」

経営側も社員側も、新事業開発を自分の問題だととらえていない！
新事業
あとで

目の前の仕事が優先！
具体的な行動は社員におまかせ

## 4.3 事業カルチャーをベースに役割分担という発想

社長の「**役割分担だな**」というつぶやきに、3人の部長はその意図が十分理解できないといった顔をしている。

研究開発部長の有島が言った。

**有島**：「社長のおっしゃる役割分担とはどういうことでしょうか。具体的にご説明いただけないでしょうか」

森重社長は自分の頭を整理するように、一つひとつ順を追って話し始めた。

**森重**：「役割分担が必要だというロジックはこういうことだ。当社の新事業開発は知識・経験の壁、事業カルチャーの壁、自前主義の壁など何重にも重なった壁に囲まれていて機能不全に陥っている。これを突破しなければならない。そこで、何とかすればクリヤーできる壁とそうでない壁は何かを分けて考える必要がある。

私は事業カルチャーの壁が最も厚く、高い壁だと感じている。長年にわたる顧客との関係の中で組織に培われ、蓄積したものを簡単に変えたり捨てたりすることはできない。一方、知識・経験、自前主義などの壁は強い意志をもって突破しようと思えばできないことはない。このように考えると、事業カルチャーをベースに、新事業開発を整理分類し、役割分担をして自覚と覚悟を持って臨めば閉塞状態から脱却できると思う」

小林経営企画部長が質問した。

**小林**：「私も染み付いた事業カルチャーが最大の壁だと感じています。企業を地球上で生存競争を繰り広げている生物に置き換えれば、海に適応した魚類、陸地に適応した哺乳類や爬虫類、また、空に適応した鳥類の生き様があります。生き様をカルチャーと捉えれば、カルチャーを変えることはほとんど不可能と言っていいと思います。ですから、カルチャーという軸で新事業開発を分類し、そのカルチャーに適した人、組織がその役割を担えば大きく前進すると思います。

ところで、社長の考える整理分類の方法とは具体的にどんなものなのでしょうか」

社長はパソコンから一枚の図を取り出して、プロジェクターで会議室の壁に投影した。

**森重**：「これは**新事業を事業カルチャーで整理した図**だ。ある経営セミナーで配布されたものだ。新事業は既存事業のＣＦＴとの地続き性を持ったものを、可能な限り多く、舐め尽くすくらいの気持ちでテーマアップすることが定石ということは、すでに議論した。この図は既存事業をＣＦＴの三角形で表わし、その頂点を中心とする円を描いたものだ。既存事業と同じ事業カルチャーを持つ新事業テーマは頂点Ｆを中心とした円の中に入る。これらのテーマは、**現在の事業部門が役割分担をすればよい**。同じ事業カルチャーだから皆で、既存事業と同じようなやり方で事業を立ち上げることが可能だ」

経営企画部長の小林が頷いて言った。

**小林**：「なるほど、既存事業と同じようなやり方、同じようなビジネス・モデルで事業を立ち上げられますから既存の事業部門が主体的に動いてスピーディに進めることができるわけですね。納得です」

森重社長が続けた。

**森重**：「つぎに、技術や顧客の地続き性はあるが、事業カルチャーが異なるテーマ群については、まったく別のアプローチで攻めなければならない。事業部門にやらせてはダメだ。そうではなく、**本社スタッフが主体的に動いて、異なるカルチャーでの事業立ち上げを明示**して、国内や海外企業との提携、合弁などをベースに事業を立ち上げる。もちろん社内の人材を募集・選抜してもよいが、新しい事業カルチャーへ挑戦する意欲を持った人材に限定しなければならない」

加藤営業部長が言った。

**加藤**：「なるほど、こうすることで異なる事業カルチャーであるシステム事業とかサービス事業をグローバルで展開することもできそうですね。外部の経営資源を活用して、極力自前主義を排除することがポイントなわけですね」

小林経営企画部長が言った。

**小林**：「要するに、**既存事業部門は同じカルチャーで進めることができる新事業開発に責任を持ちなさい。**一方、異なる事業カルチャーでなければ立ち上がらない**新事業開発は本社スタッフ部門が責任を持ちなさい**ということですね。これで役割分担がスッキリ整理されますね」

## 新事業開発の役割分担

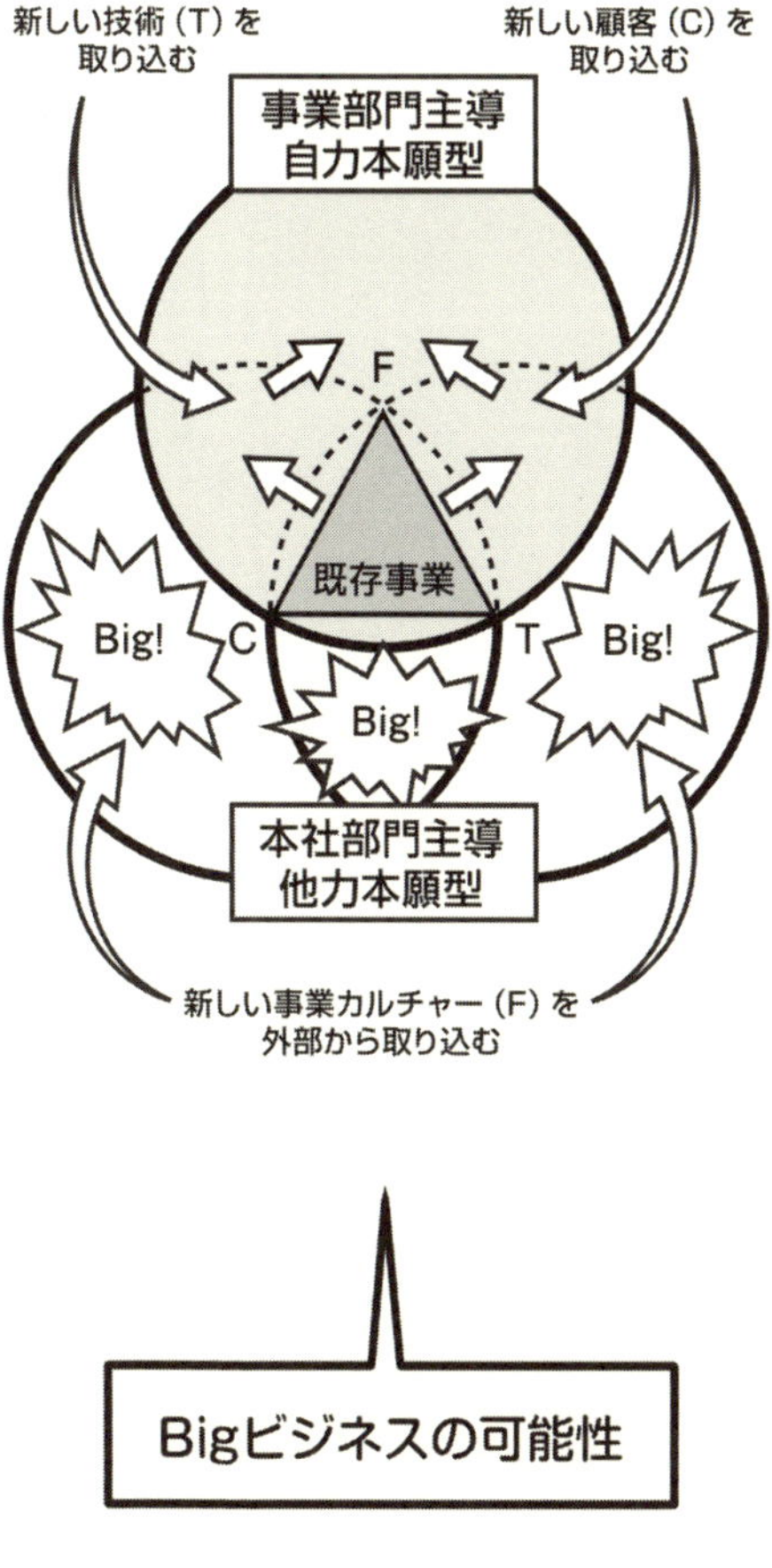

## 4.4 そうだ、役割分担で突破しよう！

3名の部長は社長の役割分担の提案を自分達の立場に置き換えてあれこれと考えた。

小林部長が言った。

**小林**：「つまり、社長のおっしゃりたいことは、既存事業と同じ事業カルチャーで事業増殖をするのは事業部門の役割、ミッションですよ。そして、既存事業にはライフサイクルがあるから、既存事業の衰退とともにリストラという悲劇が起こらないように、**今の従業員が得意とする仕事のやり方が通用する新事業を増殖させなさい**。そうすることが、自分達の幸せにつながりますよ。事業部門が主体的に、自律的に同じ事業カルチャーの事業を増殖させる責任を負うということですね」

社長が言った。

**森重**：「その通りだ。既存事業部門には優秀な人材も多くいるし、勝手知ったるやり方で立ち上げるわけだから同じ事業カルチャーでの事業増殖なら何とかなる。一方、心配なのは異なる事業カルチャーでの新事業の立ち上げだ。今の本社スタッフに外部の経営資源のコーディネーションを得意とする人材がいるかどうかだ。管理型ではなく**プロデューサー**

**型の人材**が少数精鋭でいいから存在しないと次の柱となるシステム事業、サービス事業は絶対に立ち上がらない」

小林経営企画部長が言った。

**小林**：「**異なる事業カルチャーの新事業を外部資源活用で立ち上げる**のは、どうやら私の役割のようですね。実は、以前から社長直轄の本社プロジェクトで新事業を立ち上げたいと思っていました。私自身、管理型ではなく、プロマネ型とかプロデューサー型といわれる部類の人間ですからぜひやってみたいと思います。

それから、私の知っている範囲でもそのような指向を持った若手リーダークラスは何人か知っていますから、彼らを加えてやってみたいと思います。当社の次の大きな柱になるシステム事業とサービス事業を立ち上げると思うと興奮します」

社長の森重が嬉しそうに言った。

**森重**：「わたしも小林君には大いに期待している。君は経営企画で調整役をするよりも大型の新事業開発のプロマネに向いていると思っていた。その君からぜひやりたいという発言が出たことが今日の会議の最大の成果かもしれないな」

社長の森重が続けて言った。

**森重**：「さて、ずいぶんと長い時間議論をしてきたが、やっと頭の中が整理されたように思うが、最後に小林君に全体をまとめてもらって終わりにしよう」

小林経営企画部長が**まとめた**。

**小林**：「当社の新事業開発の前には**4つの厚く、高い壁**が立ちはだかっています。第一の壁は**知識・経験の壁**です。この壁によって新事業アイデアが出てきません。既存事業をCFTで定義して、それぞれの**地続きのアイデア**を出すことで、多くのテーマアップが可能になります。

第二の壁は**事業カルチャーの壁**です。事業カルチャーはF（顧客から見た価値）と連動しています。事業カルチャーの異なる新事業開発は成功しません。一方、同じ事業カルチャーの新事業は成功の確率は高くなります。**同じ事業カルチャーの新事業開発に絞る**ことで当社は活性化します。

第三の壁は**自前主義の壁**です。異なる事業カルチャーの新事業を立ち上げるには、外部の企業との提携、連携が必須ですが、自前主義が邪魔をします。**海外企業とのマイナー合弁**による新事業開発が低リスクでスピーディな新事業開発を可能にします。

最後の第四の壁は**意識・自覚の壁**です。明確な役割分担を決めることで自覚と覚悟を促します。具体的には同じ事業カルチャーの新事業の増殖は**事業部門**が、異なる事業カルチャーの新事業の増殖は**本社スタッフ**が責任を持つように意識改革をします。

以上で、4つの壁を越えることができます」

最後に社長が言った。

**森重**：「これで新事業開発について頭の整理ができておもしろくなってきた。諸君！　そろそろ本気を出そうじゃないか」

## ディスカッション——新事業開発力の高め方

A大学のビジネススクールの滋賀教授は、卒業生と3カ月おきに定期的な勉強会を自分のオフィスで開催している。卒業生はいろいろな業種で中堅社員として現在活躍している。滋賀教授といつもの教え子6名の勉強会でこの『新事業開発』の物語が取り上げられた。

勉強会メンバー：

滋賀教授：　A大学ビジネススクール教授
早乙女君：　アパレル会社の営業部長
宮田君：　電機会社ソリューション営業部長
木村君：　ゲームソフト会社経営企画部グループリーダー
石坂さん：　人材派遣会社人事部長
小西君：　医療サービス会社営業グループリーダー
綾戸さん：　ペット用品会社の商品企画部グループリーダー

## D-1　事業カルチャー目線で新事業開発戦略をつくる

滋賀教授が「新事業開発の小さな物語」を一通り説明し終わると、電機会社で営業部長をしている宮田君が言った。

**宮田**：「この物語で一番印象に残ったことは、**新事業開発について事業カルチャーを基本にして戦略的に考えるという点**ですね。これまで多くの企業では、自社の技術を新しい分野に展開するとか、現在の市場に今までにない製品やサービスを提供することを考えてきた。でも、この物語で言っていることは、それ以上に重要なことは事業カルチャーの見極めですよと。私の会社でも新事業開発が不発ですが、たしかに、その大きな原因は事業カルチャーの壁を過大に恐れたり、一方では軽く見過ぎていることだと思います」

医療サービス会社の営業をしている小西君が言った。

**小西**：「当社の新事業開発も閉塞していますが、多くの場合、その失敗の理由をマーケット調査の不足だったと言っていますが、それ以上に事業カルチャーの違いを甘く見ていたと思います」

宮田君と小西君の話を受けて、滋賀教授が説明を加えた。

**滋賀**：「その通りだね。この物語で言いたいことは事業カルチャーがその企業の遺伝子のようなもので、よほどのことがない限り変えることはできない。だから、**同じ事業カル**

**チャーで展開できる新事業開発を第一に考えるべきだと。**そうでないと失敗の山を築くこととなり、結果としてその企業の中で新事業開発に対する信頼が失われ、本業回帰という美名のもとに企業成長の機会を失うことになる」

電機会社で営業部長をしている宮田が言った。

**宮田**：「この物語の中にシステム事業やサービス事業への新事業展開が上手くいかないことが語られていましたが、当社でも同じです。製品や設備のアフターケアとメンテナンスの別会社をつくり独立採算でやっていますが元気がありません。元気のない理由は、本体から多くの人達が移籍していますので、本体と同じものづくりの事業カルチャーでサービス事業を進めています。そして、取扱い製品や設備も当社製品に限っています。さらに、活動の範囲も日本国内が中心です」

滋賀教授が言った。

**滋賀**：「日本企業のきめ細かなサービスを提供する能力は世界の中で突出している。東京オリンピックの招致活動で有名になった言葉に『お・も・て・な・し』があるが、これもきめ細かなサービスということだ。お客様のこと、相手のことを考え、そしてそれに合わせることを是とするＤＮＡをもっている日本の組織はサービス業でも頭角を現わし始めている。日本式コンビニはアジアでの業界標準になりつつあり、すでに国内の店舗数より海外の店舗数が上回っている。宮田君の会社のアフターケアとかメンテナンスのサービス事業も大きな可能性があるはずだ。ただ残念なことは、事業カルチャーの壁の存在だ。この壁の存在を認識して、それを越える方策を戦略的に明示することで、世界を相手に、本体以上の規模のサービス事業になる可能性が十分あるように思える」

小西君が頷きながら言った。

**小西**：「**事業カルチャー目線で新事業開発を整理することで、潜在的な大きなビジネス機会が見えてくる**ということですね。技術や顧客・市場の地続き性を軸にして新事業展開を進めていて、現在閉塞している企業にとっては、一度事業カルチャー目線で再整理してみると、いままでとは違う新事業開発の世界が見えるということですね。おもしろい！」

ペット用品会社の開発企画を担当している綾戸さんが言った。

**綾戸**：「わたしもその通りだと思いますが、さらにこの物語で訴えたかったことは、顧客志向の事業カルチャーを持つことが大切ということではないでしょうか。『うちの会社は単品製造のカルチャーだから』とか『B2B（法人相手）のビジネスだから』などと事業特性のことをよく言いますが、国内外の強い事業を展開している優良企業をみるとしっかりとした顧客指向の事業カルチャーを育んでいるわけです」

滋賀教授が頷きながら言った。

**滋賀**：「その通りだね。世界にはいろいろな事業カルチャーを持った企業があるわけだが、顧客指向の事業カルチャーを持っていることが元気な企業であるための条件だ」

## D―2　事業カルチャーの本質は「顧客から見た価値」

アパレル会社の営業部長をしている早乙女君が言った。

**早乙女**：「この物語で大変参考になったことは事業カルチャーとは何ぞやということに対する大きなヒントです。事業カルチャーというのは、非常に漠然としています。顧客対応のやり方、考え方、行動様式、組織体制、報酬や評価制度などがお互いに絡み合って、何となくつかみどころのないものだと思っていました。ところが、この物語では、**事業のカルチャーの本質は『顧客から見た価値』**ですよと言い切っている。そして、それを大きく**6種類に分類**している。たしかに世界の元気な企業はこの6種類のどこかに明確に軸足を置いている。これは凄いと思いました」

人材派遣会社の人事部長を務める石坂さんも言った。

**石坂**：「たしかに、事業は米国経営学者エイベルによれば、C（顧客）、T（製品・サービスに体化した技術ノウハウ）そしてF（顧客から見た価値）ということですから、三要素のひとつであるFに着目して事業カルチャーを論じることは理論的にも間違っていないわけです。そして、競争の激しい今日にあって、3つの要素のうち最も重要な要素が『顧客から見た価値』であるわけです。つまり、『お客様はなぜ他社ではなく、当社を選んでくれるのか』という一点に絞って各社競争しているわけですから、トップから最前線の社員の考え方や行動もその一点に向かうわけです。これがその会社の事業カルチャーをつくりあげているということなのですね。人材育成のあり方について当社の方向性を探っている私にとっては大きなヒントをいただいたように思えます」

早乙女君、石坂さんの話を聴いて、滋賀教授が事業の選択と集中について話を始めた。

**滋賀**：「経営の教科書には事業の選択と集中が大切だということが書かれている。多くの経営者もその通りだと考えて、中期経営計画にも事業の選択と集中について述べている。しかし、どのような基準で事業の選択と集中をしているのかは企業によってバラバラだ。新興国など成長地域に集中するとか、医療・介護などの成長産業分野に集中するといった顧客や市場における選択と集中を中心に考える企業が多い。また、モノづくりにこだわるとか、素材やナノテクにこだわるというように自社の得意な技術ノウハウを軸に事業の選択と集中を進める企業もいる。このような選択と集中が間違っているということではない。それより、わたしは、この物語を読んでハッとさせられたのは、『顧客から見た価値』を選択し集中することが一番重要ですよと訴えていることだ。よく考えれば今日の新事業は明日の本業であり既存事業となるわけだから、同じ『顧客から見た価値』で継続的に新事業開発することで、自社の事業群が同じ顧客からみた価値を軸に集中することになる」

早乙女君が言った。

**早乙女**：「なるほど、こうすることで世界の優良企業と同じように、自社固有の『顧客から見た価値』を核とした強い事業群をつくることができるわけですね」

滋賀教授が続けた。

**滋賀**：「経営はアートだから、どれが正解でどれが不正解ということではない。ただ、事業展開に対する考え方を経営陣と一般社員が共有することは重要だと思っている。まずは、自分達が長年にわたり築き、培ってきた既存の事業カルチャーで新事業を展開することが基本だと思う。多くの企業はその辺のところが徹底していない。まだまだ自社の事業カルチャーで増殖できる事業が周辺に沢山あるはずだ。それらを一つひとつ、徹底的にチェックしていけばいい。このような確実な新事業展開をまず基本に置くべきだ。そして、こうすることで現在の従業員が活躍できる事業領域を広げていくこともできる」

綾戸さんが言った。

**綾戸**：「私の会社はペット分野の用品を開発・製造・販売しています。改めて『顧客から見た価値』を考えてみますと、一つひとつの製品をスウェーデン風のデザインにこだわった品揃えをしています。6種類の分類の中の『こだわり』型です。この物語の定石に従えば同じ『こだわり』型で新事業を考えなさいということですね。うちの場合ですと、例えば、スウェーデン風のキッズ用品とかを新事業として展開できる可能性があります。キッズ用品だったらスウェーデンでなくデンマークでもいいかもしれませんね。もちろん『こだわり』型の枠の中での展開です。うーん、何となく新事業開発のおおよそのイメージをつくることができますね。おもしろい」

## D－3　他力本願の新事業開発に挑戦する

ゲームソフト会社の経営企画に勤める木村君が滋賀教授に言った。

**木村**：「この物語では、定石として同じ事業カルチャーの新事業を自力で増殖しなさい。まだまだ周辺にたくさん新事業の可能性があるはずですよと言う一方で、もう一つの新事業開発について言及していますね。自前主義にこだわらず、事業カルチャーの異なる新事業開発については他力を使って参入しなさいと言っていますね。この辺のことについて、もう少し頭の整理をしたいと思うのですが、補足説明をお願いできますか」

人材派遣事業をしている石坂さんも言った。

**石坂**：「この部分は企業における人材育成の大きなポイントでもあると思います。自前主義で突破する同質的な集団のリーダーを育てるのか、異質な他力を活用できる欧米型のプロデューサー型人材を育てるのかという問題です」

木村君と石坂さんの質問を受けて、滋賀教授が答えた。

**滋賀**：「この新事業開発の物語は、**新事業を大きく2つに分けて整理している。自力本願型と他力本願型の2つ**だ。これらをきちんと分けて攻めなさいと言っている」

石坂さんが質問した。

**石坂**：「自力本願型の新事業開発についてはどの企業でもやっています。その進め方や押さえなければならないポイントについては失敗事例も沢山経験していますから、ある程度イメージできます。しかし、他力本願型の新事業開発は未経験の企業も多いと思います。具体的にどのようなやり方があるのでしょうか」

滋賀教授が答えた。

**滋賀**：「他力本願型の新事業開発は、①既存事業の顧客または技術が地続きで、②大変魅力的な大きなビジネスになりそうだが、③残念ながら自社の事業カルチャーで進めると立ち枯れてしまう、そのような新事業の場合だ。多くの企業の場合、地続きということで、参入するが事業カルチャーの壁の前で小粒で収益の上がらない、塩漬け状態の事業に留まっている。もったいない話だ。

そこで、他力本願型だ。他力本願型で重要なことは、**組んだ相手に事業展開の主導権を取らせて、任せる**ということだ。自分達は技術や営業面で支援、協力するという姿勢に徹することだ。例えば、合弁会社をパートナー会社と設立するときに、20％とか30％程度に出資比率を押さえて、パートナー会社に主導権を渡すことだ。こうすることで、パートナー会社の事業カルチャーで展開できるし、パートナー会社が一生懸命頑張ることになる。自社は技術面や品質理面、あるいは営業面で強力にサポートすることで**ウインウインの状況**がつくれる」

小西君が言った。

**小西**：「なるほど、不得手な事業カルチャーを克服できると同時に、リスクも低減できるわけですね。投資のリスクと、もう一つ非常に重要なのが底なし沼のリスクです。よく日本企業が新興国に51％以上の出資をして主導権を持って進出したはいいけど、パートナー企業が日本企業におんぶにだっこ、口を空けて無償の指導を待っているようなことが多々あるそうです。そうなると、日本から多くの人材を投入しなければならない状況に陥ってしまい、まさに自前主義の末路としての底なし沼状態になるそうです」

滋賀教授が頷いて言った。

**滋賀**：「多くの日本企業がそのような失敗を経験したわけだが、なかなか学習効果が出てこないのも事実だ。**問題は、プロデューサー型のリーダー人材がいないことだ。**他力本願型で新事業開発を進める場合の生命線は交渉力とコーディネーション力だ。コーディネーション力とはパートナーや、関係各部、社外の機関などとの間の段取りをうまくやる力のことだ。これは、社内の人々をまとめていく能力とは全く別の能力だ。一種の**プロジェクト・マネジャー的能力**だ。こんな人材が一人いれば、異なる事業カルチャーではあるが、他力本願型で経営数字に大きなプラスのインパクトを与える新事業を立ち上げることができる」

## D―4　事業部門が責任を持つ新事業、本社が責任を持つ新事業

アパレル会社の営業部長をしている早乙女君が言った。

**早乙女**：「この小さな物語を読んで気が付いたのですが、私の会社でも新事業についての責任体制がないということです。事業部門の人達は新事業は研究開発部門や本社部門で開発するものだと思っているし、本社部門ではヒト、モノ、カネ、情報の豊富な事業部門が主体的にやるものだと思っています。経営会議では本社部門、研究開発部門と事業部門がお互いに協力して、前向きに進めようという玉虫色の結論でいつも終わっています。このような状況では新事業が天から降ってくるのも待つしかありません。何か打つ手はないの

でしょうか」

ゲームソフト会社の木村君が言った。

**木村**：「日本企業における新事業開発の重要な意味合いを再確認する必要があると思います。国内市場であれ、海外市場であれ、**日本企業が海外企業に勝つためには進化力・変化力を磨くしかない**わけですよね。だから、既存事業の進化・変化とともに、新事業開発は進化・変化で勝つための重要な企業活動だということを肝に銘じるべきだと思うのです」

小西君も言った。

**小西**：「それから、日本企業は欧米の企業とは違って従業員の解雇は最小限にとどめるというポリシーを暗黙的に共有していますよね。一方、事業にはライフサイクルがあるから、新事業を開発しないと事業部門の従業員をリストラしなければならなくなってしまいます。そうなると一番困るのは事業部門の人達です。**自分達の問題なのに、事業部門の人達は新事業開発に対して正面から向き合おうとしていません**。このような状況がつづけば、当面は既存事業のグローバル化で成長するが、いずれは事業の成熟、衰退とともにリストラの嵐が吹くことになる。**自ら首を絞めているのと同じ**です」

滋賀教授が言った。

**滋賀**：「わたしも皆さんと同じ問題意識を持っている。この小さな物語では、既存事業と同じ事業カルチャーの新事業は事業部門が責任を持ちなさい、自分達の明日の飯の種は自分達で見つけて育てなさいと言い切っている。また、既存事業の事業カルチャーとは異なる、しかし規模の大きな新事業開発は、事業部門に任せても所詮うまくいかないのだから、本社部門が責任をもって、内外のコーディネーションのできるプロデュース型人材を見つけてきて、任せて、**事業部門とは別の組織で立ち上げなさい**と言い切っている。この考え方はスッキリしていて非常にわかりやすいと思う」

綾戸さんが言った。

**綾戸**：「つまり、新事業開発における基本的な責任分担、役割分担を明確にするということですね。そして、事業カルチャー視点こそが最も重要な分担の基本原則ということですね。おもしろい！」

勉強会は盛り上がり、お酒も入って教え子たちの自由奔放な、しかし熱い議論は続いた。いつもの勉強会のように、お酒に弱い滋賀教授はいつしかウトウトと心地よい眠りに入っていった。

＜ご参考拙著＞

「50時間で会社を変える！」　日本実業出版社（２００１年）
「『技術者力』の高め方」　ＰＨＰ研究所（２００４年）
「『組織力』の高め方」　ＰＨＰ研究所（２００５年）
「『技術者力』を鍛える」　ＰＨＰ研究所（２００７年）
「中期経営計画戦略マニュアル」　すばる舎リンケージ（２００９年）
「50時間の部長塾」　生産性出版（２０１２年）
「中期経営計画が『つまらん！』」　言視舎（２０１３年）
「社内研修が『つまらん！』」　言視舎（２０１４年）
「Ｂ２Ｂ営業が『つまらん！』」　言視舎（２０１４年）

［著者紹介］

**水島温夫（みずしま・あつお）**

東京都出身。慶應義塾大学機械工学修士、米国スタンフォード大学化学工学修士および土木工学修士。石川島播磨重工業株式会社、株式会社三菱総合研究所を経て、フィフティ・アワーズを成立、代表取締役。製造業からサービス業にわたる幅広いコンサルティング活動を展開している。著書『50時間で会社を変える！』（日本実業出版社）、『「組織力」の高め方』（ＰＨＰ研究所）、『50時間の部長塾』（生産性出版）「つまらん！」シリーズ（言視舎）ほか多数。

ご意見・お問い合わせ

mizushima@50hrs.co.jp

フィフティ・アワーズ

http//www.50hrs.co.jp

装丁……佐々木正見

イラスト＋ＤＴＰ組版……出川錬

編集協力……田中はるか

わが社の「つまらん！」を変える本④

# 新事業開発が「つまらん！」

発行日❖2015年4月30日　初版第1刷

著者

**水島温夫**

発行者

**杉山尚次**

発行所

株式会社**言視舎**

東京都千代田区富士見 2-2-2　〒102-0071

電話 03-3234-5997　ＦＡＸ 03-3234-5957

http://www.s-pn.jp/

印刷・製本

㈱厚徳社



ISBN978-4-86565-017-4　C0334

## 言視舎刊行の関連書

978-4-905369-72-1

わが社の「つまらん！」を変える本①

### 中期経営計画が「つまらん！」

戦略的な“動き”はどこに消えた？

わが社の中期経営計画はつまらん！勝てる気がしない！ではどうする？進化・変化のスピードで世界の競合に勝つ！そのためには、ビジネスモデルなどの“形”ではなく“動き”のメンジメントを簡略化することが必要だ。この本が“動き”を中軸にした「中計」づくりを教えます。経営企画部必読！

水島温夫 著　四六判並製　定価 933 円+税

978-4-905369-84-4

わが社の「つまらん！」を変える本②

### 社内研修が「つまらん！」

“集団力”はどこへ消えた？

個人を強化するだけでは企業は強くならない。この本が「集団力」を育成する社内研修の方法を教えます。「集団力で世界に勝つ」「四つの集団力を高める」「事業の増収増益に直結させる」ほか、人材開発部必読！

水島温夫 著　四六判並製　定価 1000 円+税

978-4-86565-000-6

わが社の「つまらん！」を変える本③

### B2B営業が「つまらん！」

勝ちパターンの行動モデルはこれだ

「売る力」「儲ける力」が衰退している！新しいビジネスモデルが必要だ！ではどうする？キーワードは、アクティブ・ソリューションとリベニュー・マネジメント。でも、これだけでは足りない。ビジネスモデル＋行動モデルのセットではじめて勝ちパターンになる！「売る力」「儲ける力」を組織に浸透させるノウハウを凝縮。

水島温夫 著　四六判並製　定価 1000 円+税

978-4-86565-013-6

### 75歳まで働き愉しむ方法

「自分ロードマップ」で未来がみえてくる

年金危機時代のシンプルかつ現実的なソリューション＝75 歳まで働くこと。それはどうすれば可能か、どういう準備が必要か、収入面もきちんと解説。高収入モデルからぎりぎりモデルまでを提案。サラリーマンは必ず組織を「卒業」します。「卒業」を前提にした戦略を提案。その実現にはロードマップが役立ちます。

出川通 著　四六判並製　定価 1300 円+税

978-4-905369-43-1

イノベーションのための理科少年シリーズ①

### 理系人生
### 自己実現ロードマップ読本

改訂版「理科少年」が仕事を変える、
会社を救う

「専門家」「技術者」というだけでは食べていけない時代…仕事と組織をイノベートするには「理科少年」の発想が最も有効。生きた発想とはどういったものなのか？理系エンジニアに限らず、どの分野でも使える知恵とノウハウ満載！

出川通 著　四六判並製　定価 1600 円+税